東進

# 共通テスト実戦問題集
# 倫理

別冊 問題編
Question

ETHICS

東進ブックス

東進

# 共通テスト実戦問題集
# 倫理

## 問題編
Question

ETHICS

東進ハイスクール・東進衛星予備校 講師
# 清水 雅博
SHIMIZU Masahiro

 東進ブックス

# 目次

巻末 マークシート

1

東進　共通テスト実戦問題集

# 第1回

# 公　　民〔倫　理〕

( 75点 )
( 45分 )

## 注　意　事　項

1　解答用紙に，正しく記入・マークされていない場合は，採点できないことがあります。特に，解答用紙の解答科目欄にマークされていない場合又は複数の科目にマークされている場合は，0点となります。

2　試験中に問題冊子の印刷不鮮明，ページの落丁・乱丁及び解答用紙の汚れ等に気付いた場合は，手を高く挙げて監督者に知らせなさい。

3　解答は，解答用紙の解答欄にマークしなさい。例えば，[　10　]と表示のある問いに対して③と解答する場合は，次の（例）のように**解答番号10の解答欄の③にマーク**しなさい。

（例）

| 解答番号 | 解　　答　　欄 |
|---|---|
| 10 | ① ② ❸ ④ ⑤ ⑥ ⑦ ⑧ ⑨ |

4　問題冊子の余白等は適宜利用してよいが，どのページも切り離してはいけません。

5　**不正行為について**

①　不正行為に対しては厳正に対処します。

②　不正行為に見えるような行為が見受けられた場合は，監督者がカードを用いて注意します。

③　不正行為を行った場合は，その時点で受験を取りやめさせ退室させます。

6　試験終了後，問題冊子は持ち帰りなさい。

# 倫　　　　理

$$\left(\text{解答番号}\boxed{\phantom{1}1\phantom{1}}\sim\boxed{\phantom{1}25\phantom{1}}\right)$$

**第1問**　次の**場面1**および後の**場面2・3**の文章を読み，後の問い（**問1**〜
**9**）に答えよ。（配点　28）

**場面1**　生徒A，生徒Bおよび途中で一緒になった生徒Cが，学校からの帰
　　　　り道で歩きながら次の会話をしている。

A：今日の「倫理」の授業で聞いた，「学び」のあり方の話はとても面白か
　　ったね。学びって，対象がとても多様だよね。

B：だからこそ，「学び」を通して，先人たちがどのようなことに興味を持
　　ち，何を大切にしていたのかをたどることができるという話だった。

C：ⓐ古代の日本では，「学び」とは，集団を守るための知恵のことだっ
　　たね。昔からの習俗や慣習の中で形成された知恵を先達から教わると
　　いうことが学びだったんだよね。

B：でも，ⓑ飛鳥時代になると仏教が入ってきて，仏像などへの芸術的関
　　心が高まってきたといっていた。古代の「学び」とは方向性が変わっ
　　てきたよね。集団を守るための知恵という要素は感じられない。

A：経典の研究が盛んになると，もはや「学び」ではなく「学問」という
　　感じになってくるんだね。大陸への留学や，渡来僧との交流などはか
　　なり高度な学びだよ。こうしてⓒ仏教が日本に定着していく中で，
　　日本古来の神との関係が確立していくんだよね。

C：私はその話がとても面白いと思った。人々が仏や神をどんな風に捉え
　　ていたのか知りたいな。

問1　下線部ⓐに関して，古代の日本人の神観念や信仰心についての説明として最も適切なものを，次の① 〜 ④ のうちから一つ選べ。　　1

① 古来，日本人にとって，人間が住む現世と神の住む来世は往来できるようなつながりを持たず，現世での穢(けが)れは生きている限り浄(きよ)めることができないとされた。

② 折口信夫によると，日本の神は豊穣をもたらす「まれびと」として村落の外部からやってくる存在で，海の彼方の常世の国から現世を訪れ，再び去っていくものである。

③ 古来，日本人にとって，神とは絶対的な正義を基準として不完全な人間を裁く存在であり，山岳や大樹などの具体的な自然物は信仰の対象とはならなかった。

④ 和辻哲郎によると，最高神アマテラスをはじめとする神は人々から祀(まつ)られる存在であり，神が自ら他の神を祀る事は祟(たた)りを呼ぶとして，決して許されないとされた。

問2　下線部ⓑに関して，飛鳥時代の仏教に大きな影響を与えた同一思想
　　家の考えを次の**ア〜カ**のうちから二つ選ぶ場合，その組合せとして最も
　　適当なものを，後の①〜④のうちから一つ選べ。　　2

　　**ア**　醜く穢れたこの世を離れ，美しい浄土に生まれ変わることができる。

　　**イ**　仏から見れば，人はみな煩悩にとらわれ迷う存在である。

　　**ウ**　人の素質によらず，すべての人には仏性が備わっている。

　　**エ**　人間はみな，欲望にとらわれた存在であるので，常に心に敬を持つ
　　　　という礼を重んじて生活するべきである。

　　**オ**　世間は虚しい仮のものであり，ただ仏だけが真実であるゆえ，仏・法・
　　　　僧を敬い拠り所として生きていくべきである。

　　**カ**　修行により人と仏の一体化が起こり，その身のまま，現世において
　　　　も仏になることができる。

　　①　**ア**と**カ**

　　②　**イ**と**オ**

　　③　**ウ**と**カ**

　　④　**エ**と**オ**

問3　下線部©に関して，生徒Cは，クラスのオンライン掲示板に次の記事を投稿し，クラスのみんなに問いかけた。記事中の空欄　ア　～　ウ　に当てはまる語句の組合せとして最も適当なものを，後の①～④のうちから一つ選べ。　3

**記事**

＊＊月＊＊日　投稿者　C

　古代の日本では，人間の力を超えた自然の事物に神を見出し，太陽や風などの自然現象から動植物に至るあらゆるものに八百万 神（や お よろずのかみ）が宿ると考えられていました。こうした神を祀る儀式として成立したのが神道だということを，この間の「倫理」の時間に勉強したのですが，神道はやがて儒教や仏教など様々な外来思想の影響を受け，変化していきます。この変化がとても興味深いのです。

　平安時代になると，　ア　が真理の根源で，　イ　は人々に教えを授けるため形となって現れたものだとする本地垂迹説が広まりました。また，本地垂迹説にもとづいて，　イ　は　ア　の「権の姿」だと考える権現思想も生まれました。鎌倉時代には，　ア　と　イ　を逆転させた反本地垂迹説が現れたほか，江戸時代には　ウ　と神道を統合した垂加神道も登場しました。神と仏は，厳密には違うルーツを持つはずですが，日本文化の中ではいつのまにか一体化したり，それぞれに役割が与えられたりしています。日本人が信仰という行為をどのように捉えているのか，深く考えてみたいと思いました。

① ア　神　イ　仏　ウ　陽明学
② ア　神　イ　仏　ウ　朱子学
③ ア　仏　イ　神　ウ　陽明学
④ ア　仏　イ　神　ウ　朱子学

**場面2** 先の会話の翌日，生徒Bは，仏教がどのような過程を経て人々の生活に浸透していったのかについて図書館で調べ，次の**メモ**を作成した。

**メモ**

---

＊＊月＊＊日

・仏教への芸術的関心や，経典の研究，大陸への留学などは，庶民たちには手の届かない「学び」だったに違いない。仏教はどのようにして身近な存在になっていたのだろう。

・平安時代中期以降，貴族の勢力が衰え政治の実権が武士へと移っていった。こうした中，疫病や戦乱が相次ぎ，社会不安を背景に極楽浄土への往生を説く浄土信仰が広まった。

・庶民にとって理解しやすく，実践が容易な信仰のあり方が広く受け入れられ，(d)自己の悟りや救いを求める世相を背景に多くの仏教の宗派が成立し，理論と実践が両輪となる「学び」の進展が見られた。

・江戸時代に入ると，幕府が朱子学を官学としたことから，それまで仏教の周辺的教養としての地位に甘んじていた儒教が興隆した。(e)経済の発展に伴い民衆独自の思想も発展し，武士とは異なる視点から人間のあり方を問う「学び」が生まれた。

・一方で，(f)古典から直接学ぼうとする学問も発達した。

---

問4 下線部ⓓに関して，鎌倉仏教に見られた世界観を示す記述として，適当でないものを，次の①～④のうちから一つ選べ。 $\boxed{4}$

① 歳月を超えて永遠の長きにわたって今もなお教えを説き続けている仏について述べられているのは，『法華経』のみである。

② 救いとは，自らの力で善行を積んで悟りを得ることができない非力さを自覚した上で，阿弥陀仏のはからいにより与えられるものである。

③ 仏教は人間の内なる悩みを救おうとする出世間の教えであるのに対し，儒教は現実の人間のあり方を追究しようとする点で優れている。

④ 悟りとは，禅に打ち込みながら師が弟子に与える公案に一心に打ち込むことにより実現する。

問5 下線部ⓔに関して，江戸時代の民衆などの思想を示す記述を，次のア～オのうちから二つ選び，その組合せとして最も適当なものを，後の①～④のうちから一つ選べ。 $\boxed{5}$

ア 商業行為による利益は，武士の俸禄と同じものである。

イ 自然界に天地の区別があるように，人間社会にも上下の身分がある。

ウ この世は絶えず移り変わり，人生ははかなく虚しいものである。

エ 儒教や仏教，神道によって，理想的な自然世が失われた。

オ あらゆる人間関係は，孝を根本原理に成立している。

① アとイ ② アとエ ③ イとオ ④ ウとオ

問6　下線部⑤に関して，次の**資料1**は，生徒Bが，図書館で見つけた本
　の抜粋を，原意を損なわないように書き直したものである。**資料1**の説
　明として最も適当なものを，後の ① ～ ④ のうちから一つ選べ。　　6

**資料1**

---

・貴賤・上下・長幼を問わず，命（めい）を大事に思うものである。鳥獣魚
　類にいたるまでその心があるものだ。天の命を知れば，臆病や蛮
　勇に走らず正しく生きることができる。

・剣術・弓術・馬術を十分にこなし，君臣・朋友・父子・兄弟・夫
　婦の道をつとめれば，三民はおのずと士を師としよう。

・万物は一つの理によって存在しているという考えから，儒者たち
　はその差異を無視して万物を混同してしまった。

---

① これは，漢心を排除し，日本固有の心である真心を取り戻すべきだ
　と主張した本居宣長の考えである。

② これは，学問の目的は個人の修養ではなく世を治めるためだと論じ
　た荻生徂徠の考えである。

③ これは，朱子学を理論的だと批判し，身分によらず人々に役立つ儒
　学のあり方を求めた伊藤仁斎の考え方である。

④ これは，朱子学の居敬窮理は抽象的であると批判し，現実的かつ実
　践的な思想を求めた山鹿素行の考えである。

**場面3**　数日後，登校中に再び出会った生徒A，生徒B，生徒Cは，歩きな
　　　がら次の会話をしている。


B：この間の帰り道に，「倫理」の授業で扱った「学び」の話をしたよね。
　　ちょっと気になって，あの後，図書館でいろいろと調べてみたんだ。

C：そうなんだ。何か新しい発見があったのかな。

B：例えば，鎌倉時代になると，仏教は一般の人々の間に広まっていって，
　　題目や禅などの実践も含むようになっていった。江戸時代には，士農
　　工商それぞれの身分の中で違った思想が発達していった上，江戸幕府
　　が官学とした朱子学の広がりや，朱子学への批判から生まれた新しい
　　学問が次々に登場したんだ。

A：「学び」が，多様化するニーズに応じて細分化したように見えるね。

C：古代の「学び」と比べると，人々と「学び」の⒈関係が大きく変化し
　　てきているよね。

A：⒉日本では，明治時代に入ると急速に西洋化と近代化が進んだけれど，
　　⒊こうした変化の中で日本人の「学び」がどんな風に展開したのか，
　　詳しく見てみたいね。

問7　下線部ⓔに関して，次の**資料2**は，「倫理」の授業中に，先生が配布
　　したものである。後の**ア～エ**のうち，**資料2**で示されている二つの民権
　　の関係について正しく述べているものはどれか。当てはまるものをすべ
　　て選び，その組合せとして最も適当なものを，後の**①**～**⑥**のうちから
　　一つ選べ。　　7

**資料2**

> **○中江兆民の『三酔人経綸問答』から**
>
> 　且つ世の所謂民権なる者は，自ら二種有り，英仏の民権は恢復的
> の民権なり。下より進みて之を取りし者なり。世又一種恩賜的の民
> 権と称す可き者有り。上より恵て之を与ふる者なり。
>
> 　（中略）
>
> 　縦令ひ恩賜的民権の量如何に寡少なるも，其本質は恢復的民権と
> 少しも異ならざるが故に，吾儕人民たる者，善く護持し，善く珍重
> し，道徳の元気と学術の滋液とを以て之を養ふときは，時勢益々進
> み，世運益々移るに及び，漸次に肥腴と成り，長大と成りて，彼の
> 恢復的の民権と肩を並ぶるに至るは，正に進化の理なり。
>
> （桑原武夫・島田虔次訳・校注　中江兆民『三酔人経綸問答』岩波文
> 庫より）

**ア**　上から与えられた恩賜的民権は，はじめは大きな力を持たないかも
　　しれないが，人々の民権に対する関心の高まりや社会の成熟などに
　　よって次第に力を増し，恢復的民権にかわる唯一の民権となる。

**イ**　恢復的民権も恩賜的民権も実質的には同じものであり，たとえ上か
　　ら与えられた民権だとしても，人々がこれを護り育てていくうちに，
　　自ら勝ち取った民権と同等のものになる。

ウ　恢復的民権と恩賜的民権は実質的には同じものだが，英仏に見られる恢復的民権は社会の発展と学術の発達を背景に，よりいっそう大きく育つものである。

エ　上から与えられた恩賜的民権しか持たない社会は，英仏のように自ら勝ち取った恢復的民権を持つ社会と比べ，自己の内面に根ざした発展を遂げることができない。

① イ　　② ウ　　③ アとウ
④ イとエ　⑤ アとイとエ　⑥ アとウとエ

**問8** 下線部ⓗに関して，次の**ア〜エ**の中で，日本で生まれた思想として正しいものはどれか。当てはまるものをすべて選び，その組合せとして最も適当なものを，後の ①〜④ のうちから一つ選べ。　| 8 |

ア　物体と精神とはそれぞれ独立して存在しており，物体は広がりを属性とし，精神は思考を属性とする。

イ　人間が人と人との間に存在しているということは，人間は個人であると同時に社会的存在でもあるということである。

ウ　社会と個人の間に起こる葛藤について，社会と衝突することなく，かといって埋没するでもない，諦念の境地を求める。

エ　物体と精神とが区別される以前，すなわち思考の介入が起こる前の主客未分の段階において，事物の本質が認識される。

① ア　　② イとウ　　③ アとエ　　④ イとウとエ

問9　下線部①に関して，生徒Aは，クラスのオンライン掲示板に次の**記事**を投稿した。**記事**中の空欄　　ア　　〜　　ウ　　に当てはまる語句の組合せとして最も適当なものを，後の ① 〜 ⑥ のうちから一つ選べ。

9

**記事**

---

＊＊月＊＊日　投稿者　A

　先日の「倫理」の授業では，「学び」を通して先人たちの思想や価値観について学びました。例えば，古代の日本では，人々は　　ア　　として神を信仰していました。後に日本に定着していく仏教と人々との関わり方とは対照的です。しかし，本地垂迹説に象徴されるように，人々は神と仏を関係づけ，生活の中に取り入れていきました。他にも，色彩豊かな大和絵は日本の風物を題材とする日本独自の絵画様式ですが，室町時代に大陸から伝わった水墨画も，色彩を持たない芸術として日本に定着しました。このように，日本古来の文化や外来の文化が　　イ　　に蓄積されてきたことが，日本の文化の特徴だといわれています。

　江戸時代に儒学が重用されると国学がおこり，明治時代に西洋化が進むと国家主義が登場したように，外来文化への傾斜が進むと　　ウ　　が起こることが繰り返されてきました。文化とはまるで感情を持った生き物のようです。これを，人々が主体となる「学び」の視点から眺めるところに，今回の「倫理」の授業の面白さがあったのではないかと思いました。

---

① ア 個人　　イ 一元的　　ウ 日本固有の価値観の台頭

② ア 共同体　イ 一元的　　ウ 日本文化と外来文化の融合

③ ア 個人　　イ 一元的　　ウ 日本固有の価値観の否定

④ ア 共同体　イ 重層的　　ウ 日本固有の価値観の台頭

⑤ ア 個人　　イ 重層的　　ウ 日本文化と外来文化の融合

⑥ ア 共同体　イ 重層的　　ウ 日本固有の価値観の否定

**第2問** 生徒D，生徒E，生徒Fは，先生と「倫理」の授業の総復習を行っ
ている。次の**会話文1**および後の**会話文2・3**を読み，後の問い（**問1〜5**）
に答えよ。（配点　15）

**会話文1**

　D　：先生，なぜ思想を分野横断的に勉強しなくてはならないのか疑問で
　　　　す。私は日本の思想に興味があるので，あまり関係のない西洋の思
　　　　想を勉強する気になれなくて困っています。

　先生：関係がないともいえないですよ。例えば，＠キリスト教は，中世以
　　　　降はヨーロッパを中心に発展した宗教ですが，発祥の地はヨーロッ
　　　　パではなくパレスチナ地方です。ルネサンス期には⑥宗教改革が
　　　　起こりましたが，プロテスタント勢力の広がりを受けて，カトリッ
　　　　ク教会では新たな布教の可能性を求めてヨーロッパを飛び出し，ア
　　　　ジアまでやってきた人たちもいました。フランシスコ＝ザビエルも
　　　　その一人ですね。

**問1** 下線部＠に関連して，パウロは，「私は自分の望む善は行わず，望ま
　　　ない悪を行っている」と述べ人間としての罪の深さを告白し，「人が義
　　　とされるのは律法の行いによるのではなく，信仰による」として救いの
　　　道を説いた。パウロの宗教観として最も適切なものを，次の**①〜④**の
　　　うちから一つ選べ。　　| 10 |

　　**①** 律法に忠実でなければ，人間は原罪から解放されることはない。

　　**②** 人間の原罪を償ったイエスへの信仰だけが，救いの道である。

　　**③** 律法に忠実であろうとする気持ちこそが，信仰である。

　　**④** イエスの贖罪によって，律法を遵守する者は救いを得る。

問2　下線部ⓑに関連して，次ページのノートは，次の絵に関する先生の指摘と生徒Fの解釈を書き留めたものである。ノート中の　ア　・　イ　に入る記述の組合せとして正しいものを，次ページの①〜④のうちから一つ選べ。　11

写真提供：ユニフォトプレス

ノート

**先生の指摘**

・この絵に描かれた人たちは，どんな立場で，何をしているのか。

・作者は，船に乗った人たちを描くことで何を伝えようとしたのか。

**生徒Fの解釈**

ⅰ　この絵の内容について

・修道士や尼僧を含む集団が，船上で宴会に耽（ふけ）っている。

・皿にあるサクランボは，中世以来好色の象徴として知られている。

ⅱ　この絵が描かれた背景やそれに対する人々の活動

・中世末期における聖職者に対するイメージは，　　ア　　というものであったと考えられる。

・スイスで宗教改革運動に取り組んだカルヴァンは，　　イ　　が信仰のあるべき姿であると説いた。

① ア　清廉さを失った，欲深く罰当たりな行動もいとわない人
　　イ　神が授けた使命に従い，自らの職業に禁欲的に励むこと
② ア　清廉さを失った，欲深く罰当たりな行動もいとわない人
　　イ　聖書の権威を絶対視し，そこに記されている教えのみ信じること
③ ア　民衆と分け隔てがなく，教会行事や民衆との交流にも真摯に取り組む人
　　イ　神が授けた使命に従い，自らの職業に禁欲的に励むこと
④ ア　民衆と分け隔てがなく，教会行事や民衆との交流にも真摯に取り組む人
　　イ　聖書の権威を絶対視し，そこに記されている教えのみ信じること

会話文2

先生：日本では，例えば，明治時代の思想家の西周が，「哲学」や「理性」などの多くの訳語を考案したり，西洋から功利主義の思想を導入したりと，西洋思想の紹介に貢献しました。

D ：確かにそうですね。「哲学」や「理性」などの始まりともいえるギリシアまでさかのぼって勉強することも大切なのではないかと思い始めました。

先生：そう思ってくれると本当に嬉しいです。

D ：この展開は，まるでソクラテスの説いた「無知の知」のお手本のようです。自分は実はいろいろなことを知らないということを知らなかった。

先生：すばらしい謙虚さです。けれど，現代に生きる私としては<u>ⓒソクラテスの「善く生きること」</u>をどこまで忠実に実践できるか自信がありません。

E ：ソクラテスは，「単に生きることではなく，善く生きること」が大切だとして，死が訪れるまでその意思を貫いたんですよね。自らに下された死刑判決を不当だとしながらも，刑を受け入れた。

F ：同じ古代ギリシアの思想家でも，<u>ⓓソクラテスの教えを受け継いだ思想家たち</u>には，現代人の日常生活に直接活かすことのできる教えが多いように思います。

問3　下線部ⓒに関して，ソクラテスの考えたあるべき生き方として**適当でないもの**を，次の ① ～ ④ のうちから一つ選べ。　| 12 |

① 法が不当だと考えるのなら，徹底して抗うべきだ。

② 法が不当だとしても，抗ってはいけない。

③ 法が不当だと考えることは，国家をないがしろにすることだ。

④ 不当な法に抗うこともまた不当である。

**問4** 下線部ⓓに関連して，現実の人間の暮らしに根ざしつつ徳について体系的な考察を行った古代ギリシアの思想家に関する次の**資料1**を読み，この思想家の名前を後の**ア〜ウ**のうちから，文章中の空欄 ☐ に共通して当てはまる用語を後の**a〜d**のうちから，それぞれ正しいものを一つずつ選び，その組合せとして最も適当なものを，後の **①〜⑧** のうちから一つ選べ。 ┃13┃

**資料1**

> 反対なるものは互いに他を拒否し合う。そして両極は相互に反対であるし，またそれは中とも反対である——なぜというに，中は両極のおのおのに対してそれぞれの極だからであって，たとえば「平均」は「より少」よりもより大であるが，「より大」よりもより少であるごときである。それゆえに倫理的徳は或る中に関わらねばならぬし，また何らかの ☐ でなければならない。してみれば，如何(いか)なる性質の ☐ が徳であり，また如何なる性質の中に徳は関わるか，そのことが理解されねばならない。
>
> （「最新版　倫理資料集」清水書院より）

思想家名

**ア** プラトン　**イ** アリストテレス　**ウ** プロティノス

空欄 ☐ に当てはまる用語

**a** 形相　**b** 質料　**c** 中庸　**d** 観想

① ア－a　② ア－c　③ ア－d　④ イ－a
⑤ イ－b　⑥ イ－c　⑦ ウ－a　⑧ ウ－d

会話文3

E　：確かに，2000年以上も前の思想なのに，現代人の僕らにとってもためになる教えがたくさんある。

先生：ここでもう一度振り返ってみたいのは，西洋にはルネサンスという時代があったことです。

F　：あ，そうだ。中世のスコラ哲学の時代に埋もれてしまっていた古代ギリシアやローマの文化を再び評価しようとしたのがルネサンスです。

先生：その通りです。イギリスの⒠ベーコンやフランスのデカルトなどは，神を前提としたスコラ哲学を否定し，人間以前に存在する自然を前提とした新しい思想を作り上げましたね。

D　：2000年経っても廃れない思想がある一方で，一時は西洋を支配したスコラ哲学は否定されてしまったわけですよね。先生，私は人類にとって普遍的な思想について興味がわいてきました。

問5　下線部⒠に関連して，ベーコンは，新しい思想や学問のあるべき姿を「知は力なり」という言葉で表現し，次の**資料2**のように論じている。ベーコンが論じる「知は力なり」という言葉についての説明として最も適当なものを，後の①～④の中から一つ選べ。　　14

**資料2**

> 一
> 　自然の下僕（しもべ）であり解明者である人間は，彼が自然の秩序（ちつじょ）について，実地により，もしくは精神によって観察しただけを，為（な）しかつ知るのであって，それ以上は知らないし為すこともできない。
> 二
> 　素手もひとりに任された知性もあまり力をもたず，道具や補助に

よって事は成しとげられる。それらは知性にとっても，手にとって
に劣（おと）らず必要なのである。そして手の道具が，運動をば或（あ）いは与え
或いは制御するように，精神の道具も，知性に或いは助言し或いは
用心させる。

　　　　三

　人間の知識と力とはひとつに合一（ごういつ）する，原因を知らなくては結果
を生ぜしめないから。というのは自然とは，これに従うことによら
なくては征服されないからである。

(桂寿一訳，ベーコン『ノヴム・オルガヌム（新機関）』岩波文庫よ
り)

① 　人間は，自然を服従させることも，自然を支配することもできない。
人間の知性はそれだけではまるで道具を持たない手のように無力であ
り，観察のみによって知識を得ることはできない。

② 　人間は，自然を服従させることも，自然を支配することもできない。
手に道具が必要なのと同じく，精神に知識が与えられてはじめて，自
然のあらゆる真実を知ることができる。

③ 　人間は，自然に服従することによってしか，自然を支配することは
できない。人間の知性はそれだけではまるで道具を持たない手のよう
に無力であり，観察によって得られた知識だけが人間の力となる。

④ 　人間は，自然に服従することによってしか，自然を支配することは
できない。手に道具が必要なのと同じく，精神に知識が与えられては
じめて，人間は自然を超越した存在であると理解できる。

**第3問** 次の**場面**1および後の**場面**2の文章を読み，後の問い（問1〜5）に答えよ。（配点　16）

**場面1**　「倫理」の授業の課題で，「アファーマティブ・アクション」について調べて発表することになった。生徒G，生徒H，生徒Iは，それぞれ調べたことを持ち寄り，次の会話を，後の**資料1**を見ながらしている。

G：日本には，「障害者雇用率制度」があって，一定以上の規模の企業は，法律で定められた割合以上の障がい者を雇用する義務があるんだよね。

H：似たようなしくみとしては，アメリカの大学入試で人種的なマイノリティに対する優遇制度があったりするよ。これらは，アファーマティブ・アクションといって，⒜社会的に不利な立場に置かれている人たちの現状を是正するための措置だね。資料にもあるけれど，日本では⒝ポジティブ・アクションともいうんだね。

I：けれど，日本では形式的には⒞平等を達成していても，実質的には不平等が残っているという例はたくさんありそうだよ。

H：確かに。男女は平等なはずだけど，女性の社会進出に対する風当たりはまだまだ強いよ。企業の管理職や政治家には，男性の方が圧倒的に数が多い状況だね。

I：だから，あらかじめ一定数の席や枠を確保しておくことで，結果的には，社会的に不利な立場に置かれている人たちも進学先や就職先を得られるということだね。とはいっても，こうした優遇措置をめぐって問題が起きたりしないのかな。結果的に，優遇を受けるマイノリティの人たちにとってメリットの方が大きくなっているのかな。

**資料1　ポジティブ・アクションの実現方法**

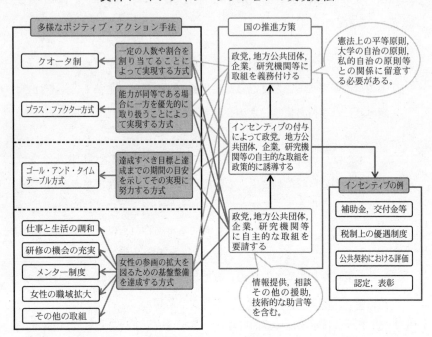

（出所）内閣府男女共同参画局資料により作成。

**問1**　下線部ⓐについて，ロールズが論じた不平等が許される場合として最も適当なものを，次の①〜④のうちから一つ選べ。　| 15 |

① すべての人が，自分の将来について明確な見通しを持っている場合。

② 不平等がない時よりある時の方が，最も不遇な人々の立場が改善する場合。

③ あらかじめ不利な立場の人に定員や役職を一定数割り当てることで，結果の平等を達成する場合。

④ 潜在能力を持っているにもかかわらず，それを発揮する場のない人に対して，その機会を確保する場合。

問2　下線部⑥について，生徒Gたちが参照した内閣府の**資料1**は，ポジティブ・アクションの手法や分類などを示している。**資料1**で説明されていることとして最も適切なものを，次の ① ～ ④ のうちから一つ選べ。

16

① ポジティブ・アクションの手法として，女性の管理職比率を今後10年間で30％に引き上げる目標を掲げることが一例として考えられる。

② インセンティブを付与することで，各種団体にポジティブ・アクションの取り組みを義務づけることができる。

③ ポジティブ・アクションの取り組みを義務づけることは，憲法が保障する平等の原則に優越する。

④ ワーク・ライフ・バランスの充実を図るための企業の取り組みは，ポジティブ・アクションの手法としては適切ではない。

問3　下線部ⓒに関連して，生徒Hは，不平等について考察したルソーの
著書の一部を抜き出した**資料2**を見つけた。**資料2**を参考にしつつ，ル
ソーの思想について述べた文として最も適当なものを，後の ① ～ ④ の
うちから一つ選べ。　　17

**資料2**

> 　わたしは人類には二種類の不平等があると考えている。一つは自
> 然の不平等，または身体的な不平等と呼びたいものである。これは
> 自然が定めたものであり，年齢，健康状態，体力，精神の質，魂の
> 質の違いによって生まれる。もう一つは社会的または政治的な不平
> 等と呼びたいものである。というのも，この不平等はある種の取決
> めによって生まれるものであり，人々の同意によって確立されるか，
> 少なくとも認可されるものだからである。この種の不平等はさまざ
> まな特権から生まれるもので，一部の人々が他の人々を犠牲にして，
> この特権を享受する。
>
> （中山元訳，ルソー『人間不平等起源論』光文社古典新訳文庫より）

① 　文明社会が形成される前の自然状態では，人間は，自己愛と憐憫の
気持ちを持ち，平和に暮らしているはずである。

② 　自然状態では，自然の不平等・身体的な不平等の存在も，社会的ま
たは政治的不平等の存在も否定できない。

③ 　人類が持つ二種類の不平等のうち，自然が定めた不平等の方に問題
がある。

④ 　社会的または政治的不平等は，人々の同意によって，一部の人々の
犠牲の上に成り立つべきものである。

場面2　生徒G，生徒H，生徒Ⅰは，発表の相談のために再び集まり，次の
　　　会話をしている。


H：みんな，昨日配信されたニュース記事を見た？　アメリカの連邦最高
　　裁判所が，アファーマティブ・アクションを憲法違反だと判断したん
　　だ。

Ⅰ：え？　だって，アファーマティブ・アクションて，そもそもアメリカ
　　から始まった動きではなかったっけ？

H：そうなんだ。アメリカで長い間人種差別を受けていた黒人が，教育な
　　どで均等な機会を得られるように 1960 年代に始まったものだ。けれ
　　ど，近年になって，アファーマティブ・アクションによって逆に差別
　　を受けているという主張が聞かれるようになった。訴えの多くはアジ
　　ア系や白人の人たちによるもので，彼らよりも成績が劣っていても，
　　マイノリティに分類される人たちが優遇される措置に対し，「逆差別」
　　を受けているとしている。

G：公民権運動が盛んだった時代の空気が，違うものに入れ替わった感じ
　　がするね。マイノリティと分類される人たちの(d)アイデンティティ
　　も変化してきたのかな。

Ⅰ：発表を間近に，大変なニュースが飛び込んできたけれど，こういう新
　　しい動きも含めて，アファーマティブ・アクションのような配慮が行
　　われることでマイノリティの人たちは，より自由になるかについて意
　　見をまとめていきたいね。Gさんはどう思う？

G：　　A　　。

Ⅰ：どうしてそう思ったの？

G：　　B　　。

**問4**　下線部④に関連して，次の**ア**〜**ウ**は，エリクソンが提唱した，アイデンティティの三つの規律について，高校のサッカークラブに所属する生徒Hの場合を例にとった，具体的な内容の記述である。その組合せとして最も適当なものを，後の ① 〜 ⑥ のうちから一つ選べ。　　18

**ア**　自分に与えられたゴールキーパーというポジションは自分にしかできないものだから，その役割を全うするべくトレーニングに励む。

**イ**　過去に自分が試合で失敗したことも受け入れ，その失敗を次に活かすために，プレー内容を振り返り，改善点を見つけ，練習をする。

**ウ**　クラブ活動中以外の日常生活においても，クラブの一員であるということに誇りを持ち，その名に恥じない行動を心がける。

① 自己の斉一性 — ア　時間的な連続性と一貫性 — イ　帰属性 — ウ

② 自己の斉一性 — ア　時間的な連続性と一貫性 — ウ　帰属性 — イ

③ 自己の斉一性 — イ　時間的な連続性と一貫性 — ア　帰属性 — ウ

④ 自己の斉一性 — イ　時間的な連続性と一貫性 — ウ　帰属性 — ア

⑤ 自己の斉一性 — ウ　時間的な連続性と一貫性 — ア　帰属性 — イ

⑥ 自己の斉一性 — ウ　時間的な連続性と一貫性 — イ　帰属性 — ア

**問5** 場面2の会話文中の空欄Aと空欄Bに当てはまる発言を，生徒Gになったつもりで考え，次の(1)，(2)の問いに答えよ。

(1) まず， A に当てはめたい発言を，次の ① 〜 ③ のうちから一つ選び，そのいずれかをマークせよ。なお，(1)で ① 〜 ③ のいずれを選んでも，(2)の問いについては，それぞれに対応する適当な選択肢がある。 19

① 配慮が行われることで，マイノリティの人たちはより自由になると思う

② 配慮が行われなくても，マイノリティの人たちはより自由になることができると思う

③ 配慮が行われていても，マイノリティの人たちはより自由にはなれないと思う

(2)　次に，　　B　　に当てはまる，(1)で選んだ主張の内容に対する論拠を述べた発言として最も適当なものを，次の ① ～ ⑥ のうちから一つ選べ。　20

① 　マイノリティの人たちに配慮をしなくてはならないということは，この世界はもともと不平等を前提にした社会なのであって，そのような中ではたとえ配慮をしたとしても不平等は克服できないからだよ

② 　配慮が行われることによって，配慮されない側の人々の自由が侵害される可能性があるからだよ

③ 　どんな環境で生まれ育つかを人は選ぶことができないから，配慮があることであらかじめ与えられた環境では実現不可能なことが可能になるかもしれないからだよ

④ 　人が自由だと思う基準はそれぞれで，自由の種類も細分化されているから，誰かの自由を実現するために配慮を行うことはそもそも不可能だと思うからだよ

⑤ 　配慮とは社会が用意したごく限られた範囲の優遇措置であって，人間の生活にはもっと広がりがあるから，たとえ配慮がなかったとしても，自由の追求に支障はないと思うからだよ

⑥ 　たとえ配慮が行われていたとしても，その基準は時代の変化とともに変わることだってありえるのだから，配慮があるかないかによって自由になれるかどうかを論じることはできないからだよ

**第4問** 「倫理」の授業で，「他者との共存」から課題を選び，グループで探究する学習を行うことになった。生徒J，生徒K，生徒Lのグループは，環境問題に関心を抱き，「他者のために行動できるか」をテーマに資料を探しながら意見交換を行った。次の**会話文**1と後の**会話文**2を読み，後の問い（**問1～5**）に答えよ。（配点　16）

**会話文1**

J：環境問題っていうテーマを設定したけれど，正直なところ，自分はどこまでこの問題に真剣に取り組むことができるのか，疑問なんだ。

K：世界中で異常気象が問題になっているけれど？

J：それはわかっている。けれど，人間は@自分の利益に反してまで環境問題に取り組むことができるのかな。

L：それこそ，「他者との共存」をどう考えるかに直結する問題提起だね。環境問題は，深く考えれば考えるほど，実際には「環境」の問題ではなくて，「他者」との関わりの問題だっていう気がするね。

J：確かに，環境問題への取り組みという行為の⑥目的が環境問題の改善なのか，会ったこともない大勢の人たちとの協力なのかがわからなくなってくる。

K：20世紀のはじめに「他者」について考察した思想家に ア がいるね。自己と他者の接点に「顔」を置いて，自己と他者の関わりを考えたんだ。 ア の考えにもとづくと， イ といえるかもしれないね。

31

**問 1** 下線部ⓐに関して，生徒Kが資料を探したところ，18 世紀に書かれた
ある本を見つけた。次の文章は，この本の一部である。この文章を読み，
この本を著した人物の主張として正しいものを，後の ① ～ ④ のうちか
ら一つ選べ。　 21

---

　もちろん，かれはふつう，社会一般の利益を増進しようなどと意
図しているわけではないし，また自分が社会の利益をどれだけ増進
しているのかも知らない。外国産業よりも国内の産業活動を維持す
るのは，ただ自分自身の安全を思ってのことである。そして，生産
物が最大の価値をもつように産業を運営するのは，自分自身の利得
のためなのである。

　（中略）

自分の利益を追求することによって，社会の利益を増進しようと真
に意図する場合よりも，もっと有効に社会の利益を増進することも
しばしばあるのである。

（「最新版　倫理資料集」清水書院より）

---

① 人間は利己的であるがゆえ，その行為を規制するために自然・法律・
道徳・宗教からなる四つの外的制裁による強制力が必要である。

② 資本家が利益の増大のために労働者を酷使することで，労働者から
本来の労働の意味が奪われる労働疎外が起こる。

③ 自然選択の法則によって，社会は強制力をともなう軍事型社会から，
自発的な産業型社会へと進化する。

④ 人間は本来利己的だが，他人に共感する利他的な感情も持ちあわせ
ており，この感情が公平な観察者として行為の是非を判断する。

問2　下線部⑤に関して，次の文章は，環境問題への取り組みを考える参考として，医療の目的をめぐる解釈も複雑化しているということを，先生が紹介したものである。これを踏まえて，**選択肢のうち，QOL の考え方がSOL の考え方に優越しているもの**を，後の①〜④のうちから一つ選べ。　22

> 医療技術の発達に伴い，私たちの社会ではQOL（生命の質）の確保が医療の目的として重視されるようになりました。QOL の考え方においては，自分自身の生命や生活について，何をもって良い状態にあるとするかが個人の判断に委ねられます。こうした考え方が広まる一方で，医療の目的を SOL（生命の尊厳）に置くべきだとする立場もあります。SOL では生命に絶対的な価値があると考え，生命の維持を最優先します。古くから医療倫理の根幹をなす伝統的な考え方だといえます。
>
> 医療技術の発達により様々な選択が可能になる中で，QOL と SOL のどちらを医療の目的に据えるべきかを簡単には決めることのできない状況が生まれています。

① いかなる事情があったとしても，人工妊娠中絶は行われるべきではない。

② 延命措置によって苦痛が長引くことを本人が望んでいないので，尊厳死や安楽死などを選択肢に入れるべきだ。

③ 受精卵の段階で遺伝子検査を行うことを選択できるが，自分はどんな条件であっても生まれてくる命を受け入れるつもりである。

④ 手術が必要な患者が手術は怖いからと拒否しようとしたが，救命のために緊急手術を実施した。

問3　会話文1中の空欄　ア　には後の人名aかb，空欄　イ　には後の記述c～eのいずれかが当てはまる。当てはまるものの組合せとして最も適当なものを，後の①～⑥のうちから一つ選べ。　23

空欄　ア　に当てはまる人名

**a**　サルトル

**b**　レヴィナス

空欄　イ　に当てはまる記述

**c**　自分をとりまくすべての生命を尊重し，自己と他者の共存を目指さなくてはならない

**d**　人間には，自由とそれにともなう責任があるので，自分の選択が全人類に影響を及ぼしうると自覚しなければならない

**e**　自分の理解できるものに固執せず，外部の世界から発せられる苦痛に，私たちは応答する責任がある

① 　ア－a　　イ－c
② 　ア－a　　イ－d
③ 　ア－a　　イ－e
④ 　ア－b　　イ－c
⑤ 　ア－b　　イ－d
⑥ 　ア－b　　イ－e

**会話文2**

J：地球規模で起きている異常気象が人々の日常生活を脅かしているのは
　　事実だ。自然災害によって生活基盤が破壊されるだけでなく，農作物
　　への被害によって食料価格の高騰や食料不足も起こる。

K：この問題に無関係な人は地球上にいないはずだよね。

L：ⓒ地球規模で社会が変わらないといけないとは思う。でも，大勢の人
　　が同じ方向に向かって動くのは難しいだろうし，それが本当に良いこ
　　となのかはわからないという気もする。だって，利害関係とか競争が
　　あってはじめて成立することもあるでしょう。例えばビジネスとか。

K：そういう意味では，最近注目されているⓓESG投資は，利害関係や競
　　争といった人間社会のある種普遍的なあり方の延長線上に環境問題を
　　置いている考え方かもしれないね。

J：ESG投資？

K：Environment, Social, Governanceの三つの頭文字をとったもので，環
　　境，社会，企業統治を合わせた概念だよ。投資家が企業に投資する際
　　に判断材料の一つとしているようだね。公共性への関心が高い企業は，
　　長期にわたって低リスクで安定した利益を生む傾向にあるという分析
　　があって，投資家の中ではESGのような財務諸表には現れない要素を
　　重視する動きが出てきているんだよ。

L：環境問題への取り組みや，社会貢献の度合い，適正なガバナンスなど
　　の視点から企業を評価するということだね。やはり，自己の利益を追
　　求する傍らで，見えない他者の利益も実現されるしくみづくりが必要
　　なのだろうか。

問4　下線部ⓒに関して，生徒Jたちは，社会が変わるとはどのようなこと なのか，自分たちはそれにどのように関わることができるのかを考えて いる。そこで，生徒たちは，次の**ア～ウ**の考えを，それぞれ後の**a～c** の思想家の理論を応用して導いた。**ア～ウ**は，それぞれどの思想家の理 論を応用したものか。その組合せとして最も適当なものを，後の①～ ⑥のうちから一つ選べ。　　| 24 |

**ア**　条件付きの動機をもとにした取り組みには普遍性がないので，多く の人に広がらないし，長続きしないのではないか。無条件に良いと思 える自らの意思にしたがって，社会のあり方を考えなくてはならない。

**イ**　今自分たちが当たり前だと考えている社会のあり方は，全く新しい 考え方の登場によって覆るかもしれない。それまでは考えられなかっ たような社会のあり方が常識となりうることだってあるのだ。

**ウ**　効率的な社会を作るために構築した様々なシステムによって，人間 の生活世界は支配されてしまっている。社会をシステム任せにせず， 対等な立場で対話を繰り返すことで，人々は社会への参加意識を取り 戻すことができるはずだ。

**a**　クーン
**b**　ハーバマス
**c**　カント

① **ア**ー a　　**イ**ー b　　**ウ**ー c
② **ア**ー b　　**イ**ー c　　**ウ**ー a
③ **ア**ー c　　**イ**ー a　　**ウ**ー b
④ **ア**ー b　　**イ**ー a　　**ウ**ー c
⑤ **ア**ー a　　**イ**ー c　　**ウ**ー b
⑥ **ア**ー c　　**イ**ー b　　**ウ**ー a

問5　下線部⑥に関して，生徒Jたちは，生徒Kが見つけた次の**資料**をもとに，ESG投資のあり方について話し合った。**問4のア〜ウ**のそれぞれを手がかりに導いた考えとして**適当でないもの**を，後の ① 〜 ④ のうちから一つ選べ。　25

資料

**現下の社会経済情勢に照らした留意点**

**E（環境）を考慮する上で**

➤ 欧州では，ロシアからの天然ガス供給減少に伴い，石炭火力発電を拡大する動きがある。

➤ いわゆる「グリーンウォッシュ」（環境配慮を謳うも実際の運用プロセスはそうでない投資ファンド等）の問題が懸念されている。

**S（社会）を考慮する上で**

➤ 石油・鉄鉱石などの天然資源や，小麦・綿花などの農産物は，人権擁護に課題のあるとされる国が主要な生産国であることも多い。

➤ ロシアによるウクライナ侵攻の後，資産運用会社の中にはESGファンドの中で軍需産業への投資を認める事例もある。

**G（ガバナンス）を考慮する上で**

➤ ガバナンスが機能する大前提の「国際法・国内法を遵守する法治国家」でない国があるとの指摘もある。

➤ 脱炭素を目指す機関投資家には，温暖化ガス排出量の多い企業に投資しない「ダイベストメント」から「エンゲージメントを通じた段階的移行を促す方向」に切り替える動きも見られる。

➤ ガバナンスにおけるサイバーセキュリティの重要性が着目されている。

（出所）財務省「ESG投資について」により作成。

① ESG 投資が人権擁護に課題のあるとされる国への投資に向かって しまう問題がある。ESG 投資には，人間の安全保障の観点から一定の 規制を設けるべきである。

② ESG に関心の高い企業ほど投資先として好ましいとする考え方に よって，ダイベストメントの動きが現れた。やがて，環境負荷の高い 活動を行う企業が完全に淘汰される社会が到来するかもしれない。

③ ESG 投資をめぐっては様々な可能性とともに懸念があがっている が，これをどのように運用していくかについて人々が自由な立場から 討論を重ね，合意形成を目指すことが重要である。

④ 軍需産業への投資や「グリーンウォッシュ」が問題となっているが， こうしたことにより ESG 投資の規模は縮小する可能性がある。ESG 投資のもたらす利益ではなく，普遍的な価値にもとづいて制度設計を 行うべきである。

東進 共通テスト実戦問題集

# 第 **2** 回

## 公 民 〔倫 理〕

$$\begin{pmatrix} 75\,点 \\ 45\,分 \end{pmatrix}$$

### 注 意 事 項

1 解答用紙に,正しく記入・マークされていない場合は,採点できないことがあります。特に,解答用紙の解答科目欄にマークされていない場合又は複数の科目にマークされている場合は,0点となります。

2 試験中に問題冊子の印刷不鮮明,ページの落丁・乱丁及び解答用紙の汚れ等に気付いた場合は,手を高く挙げて監督者に知らせなさい。

3 解答は,解答用紙の解答欄にマークしなさい。例えば, ☐10☐ と表示のある問いに対して③と解答する場合は,次の(例)のように解答番号10の解答欄の③にマークしなさい。

| (例) | 解答番号 | 解 答 欄 |
|---|---|---|
| | 10 | ① ② ③ ④ ⑤ ⑥ ⑦ ⑧ ⑨ |

4 問題冊子の余白等は適宜利用してよいが,どのページも切り離してはいけません。

5 **不正行為について**

① 不正行為に対しては厳正に対処します。

② 不正行為に見えるような行為が見受けられた場合は,監督者がカードを用いて注意します。

③ 不正行為を行った場合は,その時点で受験を取りやめさせ退室させます。

6 試験終了後,問題冊子は持ち帰りなさい。

# 倫 理

$$\left(\text{解答番号}\ \boxed{1}\ \sim\ \boxed{25}\ \right)$$

**第1問** 次の**場面1**および後の**場面2・3**の文章を読み，後の問い（**問1～9**）に答えよ。（配点 28）

**場面1** 生徒A，生徒Bおよび途中で一緒になった生徒Cが，学校からの帰り道で歩きながら次の会話をしている。

A：最近，インドネシア人の留学生と友だちになったんだ。

B：いいな，僕も外国人の友だちを持ってみたいな。何か新しい発見はあった？

A：彼女はムスリムだから，頭髪を隠す「ヒジャブ」というスカーフをかぶっているのだけど，ファッションに合わせていろいろな柄の「ヒジャブ」を楽しんでいるんだよ。

B：ⓐ宗教的な理由で使用するものなのに，おしゃれをすることが許されているなんて新鮮だね。

C：確かに，「ヒジャブ」には抑圧の象徴というイメージがあるよね。それに，ムスリムというと厳しい戒律や伝統的な生活などの漠然としたイメージがあるな。

A：そうなの。だから，ファッションを通じてそれとは逆のイメージが広がるのってⓑ理想的だよね。

B：しかしそれは，僕らの文化から見た場合の理想であって，ムスリムの社会ではこうした傾向を快く思わない人たちもいるのかもしれないよ。どのようなⓒ共同体で生きているのかによって，評価は異なりそうだ。

問1　下線部ⓐに関連して，古代インドの社会や思想についての説明として最も適当なものを，次の①～④のうちから一つ選べ。　1

① バラモン教はバラモンを最高位とするヴァルナ（カースト）制度によって支えられた。聖典は『ヴェーダ』である。

② バラモン教の伝統を批判し合理的な思想を説いたのは仏教の開祖ブッダであり，このような革新的な思想家を仏教では過去七仏と呼ぶ。

③ 徹底した不殺生の実践を説いたジャイナ教の開祖ヴァルダマーナは，バラモン教の伝統を取り入れ苦行により解脱が成就すると説いた。

④ ヒンドゥー教はバラモン教が様々な民間信仰を吸収して発展した民族宗教であり，のちにジャイナ教にかわりインドの民衆に根づいた。

問2　下線部ⓑに関連して，古代ギリシアやヘレニズム時代に，人間にとってのあるべき生き方を論じた同一思想家の考えを次のア～カのうちから二つ選ぶ場合，その組合せとして最も適当なものを，後の①～④のうちから一つ選べ。　2

ア 情念（パトス）に煩わされない不動心（アパテイア）を実現すべきだ。

イ 善美の事柄（カロカガティア）の追究こそ哲学の目的である。

ウ 人間は万物の尺度である。

エ 物事の判断基準はそれぞれの人により異なるため，各人が各人の判断により，それぞれの真理を求めるべきである。

オ 飢えや渇きなどの肉体的苦痛や死への恐れなどから解放された魂の平静を実現するべきである。

カ すべてのものは，超越的な存在である一者，すなわち神を源泉としている。

① アとオ　② イとカ　③ ウとエ　④ エとカ

問3　下線部ⓒに関連して，生徒Bは，生徒AやCとの会話の中で感じた疑問をノートにまとめた。ノート中の空欄　ア　～　ウ　に当てはまる語句の組合せとして最も適当なものを，後の①～④のうちから一つ選べ。　3

**ノート**

僕たちの社会では，「ヒジャブ」を抑圧の象徴と捉える傾向があって，最終的に「ヒジャブ」を使用しなくてもよいことが理想的だと考えることが普通だと思う。でも，それがすべての共同体に当てはまるわけではないことを，僕たちは常に意識しなくてはならない。

アリストテレスは，共同体生活の中で場面に応じた公正が実現できるよう，正義の徳を分類した。例えば，裁判は　ア　正義にもとづくしくみだと考えることができるし，優れた能力を持つ人により多くの報酬が与えられることは，　イ　正義にもとづいているといえる。

さて，ムスリムとして「ヒジャブ」を使用することは，彼らの共同体における　ウ　正義を実現する行為といえるけれど，僕らがファッションとしての「ヒジャブ」を歓迎し，ファッション性を持たない「ヒジャブ」を抑圧の象徴と安易に捉えてしまうことは，彼らの共同体における　ウ　正義を否定することになりはしないだろうか。

自分の価値観に近づいてくる変化を好ましいと思うのは自然なことではあるけれど，時に自分と異なるものを無条件に受け入れることも，正義の実現には必要なのではないか。

| ① | ア | 全体的 | イ | 調整的 | ウ | 部分的 |
|---|---|---|---|---|---|---|
| ② | ア | 調整的 | イ | 配分的 | ウ | 全体的 |
| ③ | ア | 部分的 | イ | 全体的 | ウ | 調整的 |
| ④ | ア | 調整的 | イ | 部分的 | ウ | 全体的 |

**場面2** 先の会話の翌日，生徒Aは，クラスのオンライン掲示板に次の**記事**を投稿し，クラスのみんなに問いかけた。

**記事**

＊＊月＊＊日　投稿者　A

　昨日の帰り道，「ヒジャブ」でおしゃれを楽しんでいる(d)ムスリムの友だちの話をBとCにしました。すると，ファッションとしての「ヒジャブ」に対する評価は，共同体の持つ文化的背景によって異なるのではないかという意見が出ました。ファッションとしての「ヒジャブ」を好ましいものとして安易に評価してしまっていたことを反省するとともに，あることを思い出したのです。

　2020年の前半に，欧米を中心に展開された「Black Lives Matter」運動を覚えていますか？　通称BLMと呼ばれたものです。ミネソタ州で黒人男性が白人警官に殺害された事件をきっかけに，全米にデモや集会が広がって，大きな混乱が生じました。ヨーロッパでも奴隷制や植民地支配などの歴史に目を向ける動きが大きくなって，世界各地で差別の歴史に対する意識が高まりました。

　ところがある時，この運動の中で，「All Lives Matter」つまり「すべての命が大事」というスローガンを主張する(e)人々が現れました。私は，このスローガンを初めて聞いた時，安易に納得してしまったのです。けれど，このBLM運動の文脈では，もう一歩踏み込んで考える必要がありました。(f)人間のあり方や生き方について深く

> 考えるきっかけになったと思います。
>
> 　来週の「倫理」の授業では，このことをテーマに先生も交えて議論できるといいなと思っています。みなさんの意見もぜひ聞かせてください。

**問4**　下線部⑤に関連して，イスラームの世界観を示す記述として正しいものを次の**ア〜オ**のうちから二つ選び，その組合せとして最も適当なものを，後の①〜④のうちから一つ選べ。　　4

**ア**　ムハンマドは天使を通じてアッラーの啓示を受け，自らが神の子であるとの自覚から伝導を始めた。

**イ**　大商人たちの支援を受けたムハンマドは，勢力拡大のため聖遷を行った。

**ウ**　ムハンマドの言行であるスンナと『クルアーン』を根拠にシャリーアが定められている。

**エ**　アッラーやムハンマドをかたどった像に向かって1日5回礼拝を行う。

**オ**　ムハンマドは，アブラハムやモーセなどに続く預言者とされている。

① アとウ　　② イとエ　　③ ウとオ　　④ エとオ

問5　下線部ⓒに関連して，様々な人間観についての説明として**適当でない**
　　ものを，次の①〜④のうちから一つ選べ。　　5

① ホモ゠サピエンスとはリンネによる命名で，「知恵のある人」とい
　　う意味を持つ，生物の分類学における人類の正式名称である。
② ベルクソンによると，人間は自然に働きかけて道具を作り，衣・食・
　　住の環境を都合よく変化させるホモ゠ファーベルである。
③ 人間とは，遊びを通して芸術やスポーツなどの様々な文化を創造す
　　る存在であるとしたのは，カッシーラーである。
④ 人間は，利己心にもとづき自分の利益を最大化するために，最大限
　　に合理的な経済活動を行うものと捉えたのはアダム゠スミスである。

問6　下線部⑤に関連して，次の**資料1**は生徒Aが図書館で見つけた本の抜粋である。**資料1**の説明として最も適当なものを，後の **①** ～ **④** のうちから一つ選べ。　| 6 |

**資料1**

> ……創造主は，ただ人間にだけその生れるときに，ありとあらゆる種類の生活の種（たね）と芽（め）とを授けたまいました。銘銘（めいめい）が栽培したものが生長してその実を人間のうちに結ぶのです。もし人間が植物の種を蒔（ま）いたのであったならば，それは植物になります。もし人間が動物的なものを蒔いたのであったならば，それは動物になります。理性的なものからは天上の被造物が昇って行き，精神的なものからは天使で神の子であるものが昇って行きます。そして人間が，被造物のいかなる運命にも満足しないで，自分の本質に環帰（かんき）していくならば，精神は神と合一して，万物に超越する父の立ちのぼる一本の「雲の柱」の形であらゆる被造物の上に聳（そび）えるでしょう。
>
> 　　　　　　　　　（「最新版　倫理資料集」清水書院より）

**①**　これは，神から授かった理性をもってしても人間には知り得ないことが存在すると考えたモンテーニュの著作である。

**②**　これは，神の絶対的な力により人間には恩寵が与えられると考えたアウグスティヌスの著作である。

**③**　これは，理性を超越する神を対象とする神学と，理性による哲学との調和を図ろうとしたトマス＝アクィナスの著作である。

**④**　これは，人間は自由意志によって自分のあり方を選ぶことができると考えたピコ＝デラ＝ミランドラの著作である。

**場面3** 翌週の「倫理」の授業の中で，生徒たちと先生は次の会話をしている。

C ：「All Lives Matter」つまり「すべての命が大事」のどういうところに問題があるの？

A ：初めて聞いた時には私も思わず納得してしまった。すべての命が大事なことはみんな知っている。けれど，BLM運動の中で叫ばれた「Black Lives Matter」には，当たり前の諸権利を空気のように享受できる立場にある白人と比べ，これらの権利を何百年もかけて主張し続けている黒人や，(g)様々な社会のマイノリティにとって「命は大事なんだ」という当然のことを声高に主張しなければならない皮肉や悲しみが込められていると思うんだ。

B ：そうか，「Black Lives Matter」を「黒人の命は大事」と解釈してしまうと，「命はすべて大事」じゃないかという短絡的な(h)思考に陥ってしまうけど，「黒人の命も大事」と解釈すると，その意味が深くなるね。そもそもすべての命が平等の権利を享受できているのか，という重大な疑問を突きつけているんだね。

先生：確かに，「All Lives Matter」つまり「すべての命が大事」といわれたら，思わず無条件に受け入れてしまいそうですね。ファッションとしての「ヒジャブ」についても，「All Lives Matter」についても，直感的に好ましいと思ってしまった時に，いったん立ち止まることの大切さをAさんに教えてもらいましたね。(i)新しい価値観との出合いは新しい視点を与えてくれる出来事ですが，同時に自分を相対化する訓練の機会でもありそうです。

問7　下線部⑧に関連して，次の**資料2**を読み，サイードの「オリエンタリ
　　ズム」について述べた下の**ア～エ**から正しいものをすべて選んだ時，そ
　　の組合せとして最も適当なものを，後の**①～④**のうちから一つ選べ。

　　　　7

**資料2**

> 東洋の諸民族は，後進的，退行的，非文明的，停滞的などと様々
> に呼ばれる他の人々とひとまとめにされて，生物学的に劣っている
> がゆえに道徳的・政治的に教化されるべきものと見なされてきた。

**ア**　自民族の文化や価値観のみを正統とし，他民族の文化に対し否定的・
　　敵対的な態度をとるオリエンタリズムに賛成する立場をとった。

**イ**　西洋から見たアジアや中東への一面的な理解や誤解，無知をオリエ
　　ンタリズムと呼び，西洋文化優位の考えを生んでいると批判した。

**ウ**　オリエンタリズムが植民地支配を正当化したとし，植民地支配の歴
　　史により形成された抑圧や偏見を批判するポストコロニアリズムを唱
　　えた。

**エ**　パレスチナ問題をめぐり，パレスチナ人に対する一方的差別を批判
　　するとともに，パレスチナ人とユダヤ人が共生する国家の建設を主張
　　した。

**①** ア　　**②** アとウ　　**③** イとウ　　**④** イとウとエ

問8 下線部ⓗに関連して，次の**資料3**は，「倫理」の授業中に，先生が配布したものである。後の**ア～エ**のうち，**資料3**で示されている「二つの知」について正しく述べているものはどれか。当てはまるものをすべて選び，その組合せとして最も適当なものを，後の①～⑥のうちから一つ選べ。 8

**資料3**

> 野生の思考で取り扱いうる特性は，もちろん科学者の研究対象とする特性と同じではない。自然界は，この二つの見方によって，一方で最高度に具体的，他方で最高度に抽象的という両極端からのアプローチをもつのである。言いかえれば，感覚的特性の角度と形式的特性の角度である。しかしながらこの二つの道は，少なくとも理論的には，そしてパースペクティヴに突然の変動が起こらなければ，当然合流して一つになるべきものであった。これによって理解できるようになるのは，この二つの道がどちらも，時間および空間の中において相互に無関係に，まったく別々であるがどちらも正方向の，二つの知を作り出したことである。一方は感覚性の理論を基礎とし，農業，牧畜，製陶，織布，食物の保存と調理法などの文明の諸技術を今もわれわれの基本的欲求に与えている知であり，新石器時代を開花期とする。そして他方は，一挙に知解性の面に位置して現代科学の淵源となった知である。
>
> （大橋保夫訳，レヴィ＝ストロース『野生の思考』みすず書房）

**ア**　野生の思考とは最高度に具体的な知であり，文明が作り出した最高度に抽象的な知と対極をなすものであるが，いずれも人類にとって普遍的な知のあり方である。

**イ**　野生の思考と文明の思考はともに新石器時代をその開花期とするが，互いに作用し合うことはなく，合流することもなく別々に存在している。

**ウ**　農耕や牧畜といった文明の諸技術は抽象的かつ形式的な知として，現代科学は具体的かつ感覚的な知として，互いに合流し一つの知を作り出した。

**エ**　具体的かつ感覚的な知は人間の生活に働きかけるものとして，抽象的かつ形式的な知は現代の科学の基礎として，互いに無関係だが同じ方向に向かって発展してきた。

① アとイ
② アとエ
③ イとウ
④ ウとエ
⑤ アとイとウ
⑥ イとウとエ

**問9** 下線部①に関して，生徒Cは「倫理」の授業の後で次の**まとめ**を提出した。**まとめ**中の空欄 ┃ ア ┃ ～ ┃ ウ ┃ に当てはまる語句の組合せとして最も適当なものを，後の ① ～ ⑥ のうちから一つ選べ。 ┃ 9 ┃

**まとめ**

---

　AさんとBさんの指摘は的を射ていると思った。新しい価値観を冷静に受け止めることで，価値観どうしのぶつかり合いではなく，融合に結びつく思考力を身につけたいと思う。

　とはいえ，人類の歴史は価値観の衝突の連続だ。ヘーゲルによると，┃ ア ┃ を持つ共同体としての家族と，家族とは異なる性質を持った市民社会の両方の特性を活かし，国家が成立しているという。ヘーゲルは，歴史もこのように相反する事柄が総合され，高次のものに変化すると考えた。

　歴史上の個別の出来事も参考にしてみたい。カルヴィニズムが世俗の職業や営利を肯定したことや，┃ イ ┃ が商人の営利を認めたことなどは，旧来の価値観との衝突は避けられなかっただろうが，現在ではいずれも世界の多くの場所で受け入れられる価値観になっている。

　あらゆるものは ┃ ウ ┃ ために発展していくとヘーゲルは考えたが，AさんとBさんとの意見交換を経て自分の中に新しい視点が生まれたことは，弁証法にたとえることができそうだ。

---

① ア 全体性　　イ 安藤昌益　　ウ 外部と対立せざるを得ない

② ア 個別性　　イ 安藤昌益　　ウ 内部に矛盾を含む

③ ア 全体性　　イ 安藤昌益　　ウ 分裂を繰り返す

④ ア 個別性　　イ 石田梅岩　　ウ 外部と対立せざるを得ない

⑤ ア 全体性　　イ 石田梅岩　　ウ 内部に矛盾を含む

⑥ ア 個別性　　イ 石田梅岩　　ウ 分裂を繰り返す

**第2問** 生徒D，生徒E，生徒Fは，「倫理」の時間に先生と死生観につい
て話し合っている。次の**会話文1**および後の**会話文2・3**を読み，後の問い
（**問1〜5**）に答えよ。（配点　15）

**会話文1**

　D ：昨年，祖父が亡くなりました。葬儀に参列したのですが，実は私に
　　　とっては初めての葬儀でした。私のことをとてもかわいがってくれ
　　　た(a)愛情深い祖父だったので，しっかりと見送りたかったのです
　　　が，葬儀にまつわる様々な作法を全く知らなかったので，終始慌て
　　　てしまいました。

　先生：葬儀などは宗教によって，また(b)宗派によっても作法が違いますし，
　　　同じ宗派でも地域によってどのように執り行うのか差異があるよう
　　　ですね。日本では，第二次世界大戦後しばらくは火葬と土葬が同じ
　　　くらいの割合を占めていましたが，現在ではほとんどが火葬となり
　　　ました。弔う気持ちは古今東西変わりませんが，その作法は時代と
　　　ともに大きく変化するようです。

　問1　下線部(a)に関連して，先哲の捉えた愛について述べたものとして正し
　　　いものを，次の①〜④のうちから一つ選べ。　|　10　|

　　① プラトンの説く愛は，すべての人に対する人類愛である。
　　② イエスの説く愛は，家族への自然な愛情にもとづく。
　　③ 孔子の説く愛は，善美なるものをあこがれ求める欲求である。
　　④ ブッダの説く愛は，あらゆる生命への無条件の愛である。

問2　下線部ⓑに関して，生徒Fは，図書館で北宋時代の書家の蘇軾と黄庭堅，禅僧の仏印の三人が大きな甕（かめ）を囲んでいる『三酸図（さんさんず）』を見つけ，「倫理」の時間にクラスで紹介するため，この絵の要点をノートに書き留めた。後のノート中の空欄　ア　～　ウ　に当てはまる語句の組合せとし正しいものを，後の①～⑧のうちから一つ選べ。　11

（出所）国立文化財機構所蔵品統合検索システム

ノート

> 『三酸図』は，北宋時代の書家である蘇軾と黄庭堅，禅僧の仏印の三人が，大きな甕に入った桃花錯（とうかさく）という酢を味見したところ，あまりの酸っぱさに顔をしかめている場面の絵である。この絵では，蘇軾が儒教，黄庭堅が道教，仏印が仏教をそれぞれ象徴するものとして描かれている。それぞれ立場は違えども，桃花錯を同じように酸っぱいと感じていることから，儒教，道教，仏教いずれの教えも本質は同じである，ということがこの絵の説くところである。
>
> インドで発展した仏教は，ブッダの死後，教団内部の対立から分裂した。このうちの ア は，後に大乗仏教として日本に伝来した。大乗仏教では経典が多数作られたが，ナーガールジュナ（竜樹）はこれらの経典に注釈を加え「空」の思想を確立し，後に イ が形成された。一方，仏教は東南アジアへも伝わるが，ウ となることを目指す南伝仏教を小乗仏教と呼び蔑視した。
>
> 北宋時代以降，儒教，道教，仏教のどれが優れているかという論争を背景に，『三酸図』のような三者の融合をモチーフとした作品が作られるようになったという。多数に分派し各地に伝播した仏教も，目指す真理は一つかもしれないが，融合はありえるのだろうか。

① ア 上座部　　イ 唯識学派　　ウ 阿羅漢

② ア 上座部　　イ 唯識学派　　ウ 菩薩

③ ア 上座部　　イ 中観派　　　ウ 阿羅漢

④ ア 上座部　　イ 中観派　　　ウ 菩薩

⑤ ア 大衆部　　イ 唯識学派　　ウ 阿羅漢

⑥ ア 大衆部　　イ 唯識学派　　ウ 菩薩

⑦ ア 大衆部　　イ 中観派　　　ウ 阿羅漢

⑧ ア 大衆部　　イ 中観派　　　ウ 菩薩

会話文2

> E ：ということは，日本でも最近まで土葬が一般的だったということですか？　僕はてっきり，日本では古くから伝統的に火葬が行われてきたのだと思っていました。
>
> D ：埋葬の方法は宗教によって様々ですよね。例えば，カトリックやイスラームでは土葬です。
>
> 先生：古来から，弔い方にはたくさんの解釈がありました。例えば，儒家は盛大に葬儀を行うことが「孝」だと考えていました。しかし，ⓒ儒家を形式的だとして批判した墨家は，華美な葬儀を行うべきではないとして節葬を説きました。
>
> F ：ⓓ諸子百家の時代から死生観は多様だったのですね。宗教とは関係ないかもしれませんが，人間は自然の一部だから，土葬によって土にかえるという解釈もできそうです。
>
> D ：そういわれてみると，火葬よりも土葬の方が直接自然にかえっていくというか，自然に委ねるようなイメージがあるかもしれません。

**問3** 下線部ⓒに関して，墨家が儒家を批判したように，明代の王陽明は宋代の朱子と対立する立場をとった。王陽明が朱子を批判した内容として**適当でないもの**を，次の①〜④のうちから一つ選べ。　12

① 人間の心はそれ自体が完全な理である。

② 人間は生まれながらに善悪の判断能力を備えている。

③ 一つひとつの物の理を究めていけば，万物を支配する理法にたどり着く。

④ 物事を本当に知るということは，実践できるということであり，実践できなければ本当に知っているとはいえない。

問4　下線部ⓓに関して，孟子と荀子の思想を踏まえて，次の**資料1・2**から読み取れる内容として最も適当なものを，後の **①** 〜 **④** のうちから一つ選べ。　13

---

**資料1**

……いたたまれない感情は，仁の端緒である。羞恥の感情は，義の端緒である。謙遜の感情は，礼の端緒である。是非の感情は，智の端緒である。人がこういう四つの端緒をそなえていることは，人間が四肢をそなえているようなものである。

(『中公クラシックス 孟子』より)

**資料2**

　人間の本性すなわち生まれつきの性質は悪であって，その善というのは偽すなわち後天的な作為の矯正によるものである。

(『中公クラシックス 荀子』より)

---

**①**　武力によって国を治める覇道を説いた孟子は，**資料1**によると，人は成長するにしたがって，四つの善なる端緒をはぐくんでいくものだと考えた。

**②**　人が悪をなしたとしてもそれは素質のせいではないと主張した孟子は，**資料1**によると，人間は生まれつき本性的な四つの善なる端緒を持つと考えた。

**③**　礼による秩序の維持を主張した荀子は，**資料2**によると，人間の性は悪であり，その中に潜む偽物の善を見出すために礼による矯正が必要だと考えた。

**④**　私利私欲を求めるのが人の本性であると主張した荀子は，**資料2**によると，人間が生まれつき持つ善の側面は作為的に悪に矯正されてしまうと考えた。

**会話文3**

　先生：自然に委ねるといえば，こんな逸話を思い出しました。以前，プラ
　　　　ンターでトマトを育てていたのですが，どんどん背丈が伸びてきて
　　　　支柱の高さを追い越してしまいました。これを見た実家の母が，ト
　　　　マトはもともと地を這う植物だから上に向かって育てるのは大変な
　　　　んだよ，といっていたのです。

　Ｅ：トマトといえば支柱を使って育てるものだと思っていました。

　先生：地面を這うようにして育てると，トマトが土に直接触れるので傷み
　　　　やすく収穫量は減ってしまうそうです。でも，それがトマトにとっ
　　　　ての⒠あるがままの自然な状態だということです。

　Ｄ：支柱を立てて育てるということは，収穫量を増やすための人間の人
　　　　為的な介入といえるのですね。

問5　下線部⒠に関して，老子に関する次の**資料3**と，生徒Ｆの**メモ**を読み，
　　空欄　**ア**　～　**ウ**　に当てはまる記述の組合せとして最も適当な
　　ものを，後の①～④のうちから一つ選べ。　　14

**資料3**

　　天下において，水ほど柔らかくしなやかなものはない。しかし，
　それが堅く手ごわいものを攻撃すると，それに勝てるものはない。
　ほかにその代わりになるものがないからである。しなやかなものが
　手ごわいもの　**ア**　，柔らかいものが堅いもの　**イ**　こと
　は，すべての人が知っていることであるが，これを実行できる人は
　いない。

　　　　　　　　　　　　　　　　（『中公クラシックス 老子』より）

メモ

トマトはもともと地面を這う植物だと教えてもらい，老子の「　ウ　」を思い出した。商品作物以前の植物としてのトマトという考え方が新鮮だった。トマトを商品作物の野菜としてではなく自然界の植物として捉える視点は，あるがままの自然の姿を謙虚に受け入れる姿勢に通じるものがあるかもしれない。

① ア　を負かし　　イ　を負かす　　ウ　柔弱謙下

② ア　に負け　　　イ　に負ける　　ウ　柔弱謙下

③ ア　を負かし　　イ　を負かす　　ウ　無為自然

④ ア　に負け　　　イ　に負ける　　ウ　無為自然

**第3問** 次の**場面1**および後の**場面2**の文章を読み，後の問い（**問1～5**）
に答えよ。(配点　16)

場面1 「倫理」の授業の課題で，インターネット上でサービスやシステム
を提供する「プラットフォーム企業」をめぐる問題について調べて発表
することになった生徒G，生徒H，生徒Iは，先生が用意した**資料1**を
見ながら次の会話をしている。

G：そもそもプラットフォーム企業というのは，インターネット上の動画投
稿サイトやSNSなどのサービスを提供する企業のことだよね。

H：そうだね。アメリカでは，あるプラットフォーム企業が，運営する動画
投稿サイトをめぐり訴えられて裁判になった。テロ組織の襲撃を受けた
被害者の遺族が，実行犯は動画投稿サイトに投稿された動画に感化され
犯行に及んだのだとして，この動画を取り締まらなかったプラットフォ
ーム企業の責任を追及したんだ。(a)高度情報化社会ではこういう新し
い問題が次々と出てくるね。

I：**資料1**は，この裁判で訴えの根拠となった(b)「通信品位法第230条」と
「アメリカ愛国法」について解説している。どちらもアメリカの法律だ
ね。私たちは日常的にプラットフォーム企業が提供するSNSなどのサー
ビスを利用しているよね。連絡手段としてはもちろん，天気や災害など
公共性の高い情報も配信されているから，インフラとしての側面もある
ように思うけれど，一方で(c)無限ともいえるような大量の情報があふ
れている。

G：つまり，悪いことをしようとしている人の背中を押すような情報だって
いっぱいあるはずだ。プラットフォーム企業は危険な情報を放置したま
までいいのかというのが，裁判の争点というわけだね。

**資料１**

○通信品位法第 230 条とは……

・インターネット上で SNS などのサービスを提供するプラットフォーム企業は，ユーザーの発信する情報についての責任を負わない。

・プラットフォーム企業は，有害または違法なコンテンツを削除したとしても，責任を問われない。

・プラットフォーム企業が有害または違法なコンテンツを即座に削除できないとしても，やむを得ない。

・言論の自由の観点から，プラットフォーム企業に対しては上記のように広範な免責が認められている。

【関連する動向】

・アメリカ国内では，共和党はプラットフォーム企業が政治的発言に関し検閲を行うことに懸念を表明し，民主党はプラットフォーム企業が有害・違法コンテンツの発信について本条項によって広範に免責されていることに懸念を表明した。


○アメリカ愛国法（反テロ法）とは……

・2001 年 9 月 11 日に発生したアメリカ同時多発テロを受け，同年 10 月 26 日に成立した。

・司法長官の権限において，国家の安全を脅かす行為に関与していると信ずる合理的な理由のある外国人を，無令状で拘束できる。

・令状で特定された容疑者について，その使用するすべての携帯電話等の通信傍受を認めるなど，捜査機関による通信傍受権限を強化する。

【関連する動向】

・イスラーム系の移住者が長期間拘束されたり，政権を批判した人が逮捕・尋問されたりするなどの事例が相次いだ。

問1　下線部ⓐについて述べた文として最も適当なものを，次の ① 〜 ④ のうちから一つ選べ。　15

① 知的財産権は，人間のあらゆる活動が生み出すものに対して認められる権利である。

② プライバシーの権利は，自分の情報をコントロールする権利から私生活をみだりに公開されない権利に再定義されるようになった。

③ ステレオタイプとは，マス゠メディアと人々が共有する画一的なイメージのことである。

④ 情報化社会は脱工業化社会と位置づけられ，モノの生産活動が中心の工業化社会の後に到来するとされている。

問2　下線部ⓑに関して，**資料1**では「通信品位法第230条」と「アメリカ愛国法」について説明されている。**資料1**から読み取れることとして最も適当なものを，次の ① 〜 ④ のうちから一つ選べ。　16

① プラットフォーム企業は，有害または違法なコンテンツを削除する権限を持たない。

② 国家の安全を脅かす可能性があると認められる場合，令状なしで当該人物を拘束できるが，通信を傍受する場合には令状が必要である。

③ 民主党は，プラットフォーム企業が有害または違法なコンテンツを削除したとしても責任を問われないことについて懸念を示している。

④ 共和党は，プラットフォーム企業に対して広範な免責が認められていることについて，懸念を示している。

**問3** 下線部ⓒに関して，生徒Hは，インターネット上での情報流通の特徴について書かれた次の**資料2**を見つけた。**資料2**を参考にしつつ，現代社会の情報環境について述べた文として最も適当なものを，後の①～④のうちから一つ選べ。 | 17 |

**資料2**

> 「フィルターバブル」とは，アルゴリズムがネット利用者個人の検索履歴やクリック履歴を分析し学習することで，個々のユーザーにとっては望むと望まざるとにかかわらず見たい情報が優先的に表示され，利用者の観点に合わない情報からは隔離され，自身の考え方や価値観の「バブル（泡）」の中に孤立するという情報環境を指す。

（出所）総務省令和元年版「情報通信白書」により作成。

① フィルターバブルが形成されると，その中の人々は特定の種類の情報にしかアクセスできなくなり，集団として孤立してしまう。

② フィルターバブルの内側にいることを，利用者自身が認識しにくい状態になっている。

③ アルゴリズムが自動的に情報を選別するため，利用者にとっては自分の求める情報にアクセスしにくい状況が発生する。

④ アルゴリズムは客観的事実を選別して優先的に表示するので，利用者は他の意見が存在することに気がつかなくなる恐れがある。

**場面2** 生徒G，生徒H，生徒Ⅰは，発表の相談を続けている。

G：それで，この裁判は結局どうなったの？

H：アメリカの最高裁は高裁への差し戻しを決定したんだ。プラットフォーム企業はひとまず免責が認められた形だ。けれど，SNSや動画投稿サイトに出回る様々な情報がテロを助長する可能性は存在するよね。問題は，そうした情報をどのような基準で(d)分類するかだよ。

Ⅰ：何をもって有害とするかを決めるのは難しいかもしれない。そんなに簡単に線を引くことができるのかな。

H：さっきⅠさんがいったように，プラットフォーム企業の提供するサービスはもはやインフラとなっているわけだけれど，ではプラットフォーム企業に完全な自由が認められるべきかどうかという点については議論の必要がありそうだね。

G：僕は，　　A　　と思う。

Ⅰ：どうしてそう思うの？

G：　B　。

H：この点については，発表の最後にクラスで意見交換をしたいね。

**問4**　下線部ⓐに関連して，次の会話は生徒Ｈと生徒Ｉが，パーソナリティ
の分類や精神分析学者に関して交わしたものである。会話中の下線部
①〜④のうちから，これらについての説明として**適当でないもの**を一
つ選べ。　18

Ｈ：パーソナリティってそもそも，人格とか個性という言葉で表現される
　　ものだと思うけど，心理学の世界ではいろいろな分類があるようだ
　　ね。ユング，シュプランガー，オルポートなんかが有名だよね。

Ｉ：人間には①外向性，情緒安定性，誠実性，調和性，開放性の５つの
　　因子があって，それらの組合せで人格を捉えようとしたゴールドバー
　　グの「ビッグファイブ」も知られていると思うよ。私はユングに興味
　　があるんだ。

Ｈ：②ユングは，人間を大きく内向性と外向性の二つのタイプに分けた上
　　で，そこに思考・感情・感覚・直感の四つのタイプを重ね合わせた８
　　つのパターンを考えたんだよね。

Ｉ：ユングは確かに内向性・外向性の理論で知られているけど，私はユン
　　グの集合的無意識の理論に興味があるんだよ。

Ｈ：集合的無意識って？

Ｉ：普遍的無意識ともいうんだけど，人類には太古の昔から繰り返してき
　　た無数の経験が積み重なってできた共通の普遍的イメージがある，と
　　いう考え方なんだよ。③フロイトは，無意識を個人の過去の体験から
　　解釈したけれど，ユングはこれを批判して，人間には個人的無意識の
　　領域の他に集合的無意識があると考えたんだ。

Ｈ：そういえば，オルポートもフロイトを批判したんだよね。④オルポー
　　トは人間の性格を価値観や文化との関連で捉え，その人が人生の中で
　　どのような価値を重視するかという観点から，パーソナリティを理論
　　型・経済型・審美型・社会型・権力型・宗教型の６つに分類し，正常
　　な人間の人格を日常の中で理解しようとしたんだ。

問5 　場面2の会話文中の空欄Aと空欄Bに当てはまる発言を，生徒Gにな
ったつもりで考え，次の (1), (2) の問いに答えよ。

(1) 　まず，　　A　　に当てはめたい発言を，次の ① 〜 ③ のうちから一つ選
び，そのいずれかをマークせよ。なお，(1) で ① 〜 ③ のいずれを選んで
も，(2) の問いについては，それぞれに対応する適当な選択肢がある。

　　19

① 　プラットフォーム企業は完全に自由である方が，社会は発展する

② 　プラットフォーム企業が完全に自由でなくても，社会は発展する

③ 　プラットフォーム企業が完全に自由であっても，社会は発展しない

(2) 　次に，　　B　　に当てはまる，(1) で選んだ主張の内容に対する論拠を
述べた発言として最も適当なものを，次の ① 〜 ⑥ のうちから一つ選べ。

　　20

① 　インターネットをめぐる問題の多くは，メディア = リテラシーが十
分でないことに起因するからだよ

② 　プラットフォーム企業の活動が規制されたとしても，現実世界のリ
ソースを駆使してたくさんのものを作ることができるからだよ

③ 　あらゆる技術やアイディアが不特定多数の人々に共有されること
で，新しい種類の問題を解決する知恵が生まれるからだよ

④ 　プラットフォーム企業はインターネットというリソースを無償で使
うべきではないからだよ

⑤ 　プラットフォーム企業の活動が規制されない場合，次々に起こる新
たな問題を社会は解決することができないからだよ

⑥ 　プラットフォーム企業の活動を規制しなければ，やがて行き過ぎた
表現の自由によって被害を受ける人がたくさん出るからだよ

**第4問** 「倫理」の授業で，「国際平和と人類の福祉」から課題を選び，グル
ープで探究する学習を行うことになった。生徒J，生徒K，生徒Lのグループ
は，1955年に世界の著名な科学者たちが核廃絶を訴えた「ラッセル・ア
インシュタイン宣言」を題材に意見交換を行った。次の**会話文**1と後の**会話
文**2を読み，後の問い（**問**1〜5）に答えよ。（配点　16）

**会話文1**

J：「ラッセル・アインシュタイン宣言」は1955年に書かれたものだけれど，
　　原文はもちろん英語だよね？

K：僕は，英語の原文の方も読んでみた。少し難しいけれど，英語の勉強も
　　兼ねて少しずつ翻訳しているんだ。

L：ということは，それなりに読み込んでいると思うけれど，印象に残って
　　いる部分はある？

K：そうだな，選ぶとしたら次の箇所かな。「ここで私たちからあなたたち
　　に問題を提起します。それは，きびしく，恐ろしく，そして避けること
　　ができない問題です——⒜私たちが人類を滅亡させますか，それとも
　　人類が戦争を放棄しますか。人々は，この二者択一に向き合おうとしな
　　いでしょう。戦争の廃絶はあまりにも難しいからです。」

L：半世紀以上も前の問題意識とは思えないほど的確だね。人類は今でも
　　⒝威嚇したり牽制し合ったりしている。それも，イデオロギーや権威
　　を振りかざしたり，危機を煽ったりと，本当に必要な対立かどうかすら
　　疑わしいことだってある。

J：20世紀のはじめに，合理的なはずの現代文明が様々な問題を引き起こし
　　ていることを指摘した思想家に　**ア**　がいるね。ナチズムのような
　　野蛮が，現代文明によってなぜ生み出されてしまったのかを研究したん
　　だよ。　**ア**　の考えにもとづくと，　**イ**　といえるかもしれない
　　ね。

問1　下線部ⓐに関して，次の**資料1**は，**会話文1**の中で生徒Kが紹介した「ラッセル・アインシュタイン宣言」の続きの文章である。これを読んだ生徒の発言のうち，**資料1**の趣旨に合致する発言として最も適当なものを，後の①〜④のうちから一つ選べ。 21

**資料1**

> 　戦争の廃絶には，国家主権に対する不快な制限が必要となるでしょう。しかしながら，事態に対する理解をおそらく他の何よりもさまたげているのは，「人類」という言葉が漠然としていて抽象的に感じられることです。危険は自分自身と子どもたち，孫たちに迫っているのであり，おぼろげに捉えられた人類だけが危ないわけでないことに，人々が思い至ることはまずありません。人々は，自分自身と自分の愛する者たちがもだえ苦しみながら滅びゆく危急に瀕していることを，ほとんど理解できないでいます。だからこそ人々は，近代兵器※が禁止されれば戦争を継続してもかまわないのではないかと，期待を抱いているのです。
> ※ここでは水爆などの核兵器を指す。

（出所）　日本パグウォッシュ会議「ラッセル＝アインシュタイン宣言」新和訳改訂版により作成。一部，変更を加えている。

① 近代兵器を禁止すれば戦争を廃絶しなくてもよいと考えるのは，「人類」に自分自身が含まれていることを人々が理解していないからだ。

② 国家主権に対する制限をともなうのなら，まずは国家を率いる指導者たちが「人類」の直面する危機について理解しなくてはならない。

③ おぼろげに捉えられた人類だけが，滅びゆく危急に瀕している「人類」だと人々は考えているから，近代兵器が禁止されないのだ。

④ 戦争の廃絶が必要だということへの理解が困難なのは，「人類」に差し迫る危険の背景に近代兵器があることに思い至らないからだ。

**問2** 下線部⑤に関して，生徒Kはある近代の思想家の著作を見つけた。次の文章は，この著作の一部である。この文章を読み，この本の著者の別の著書の一節として正しいものを，後の①〜④のうちから一つ選べ。

22

> 国家としてまとまっている民族は，個々の人間と同じように判断されてよい。つまり諸民族は，その自然状態においては（つまり外的法則に拘束されていない場合は），隣りあっているだけですでに互いに害しあっているのであり，そこで各民族は自分たちの安全のために，それぞれの権利が保障される場として，市民的体制と類似した体制に一緒に入ることを他に対しても要求でき，また要求すべきなのである。
>
> （「最新版　倫理資料集」清水書院より）

① 「自分たちすべてを畏怖させるような共通の権力がないあいだは，人間は戦争と呼ばれる状態，各人の各人に対する戦争状態にある。」

② 「われわれの住む世界においてはもとより，およそこの世界のそとでも，無制限に善と見なされ得るものは，善意思のほかにはまったく考えることができない。」

③ 「全体意志と一般意志のあいだには，時にはかなり相違があるものである。後者は，共通の利益だけをこころがける。前者は，私の利益をこころがける。」

④ 「もし一人をのぞいたすべての人類が同意見で，ただ一人の人間がそれに反対の意見をもっているとしても，人類がその一人を沈黙させることが不当なのは，その一人が力をもっていて人類を沈黙させるのが不当なのとまったく同様である。」

**問3** 会話文1中の空欄 | ア | には後の人名 **a** か **b**，空欄 | イ | には後の記述 **c** ～ **e** のいずれかが当てはまる。当てはまるものの組合せとして最も適当なものを，後の ① ～ ⑥ のうちから一つ選べ。 | 23 |

空欄 | ア | に当てはまる人名

**a** ヤスパース

**b** ホルクハイマー

空欄 | イ | に当てはまる記述

**c** 現代の人間は，自由のもたらす孤独感に耐えきれず，権威に服従し劣等感を解消しようとする存在である

**d** 本来人間を理想的なあり方に導くはずの理性は，合理性を追求する手段となった末に蛮行にさえ服従してしまう

**e** 帰属意識を持たず孤立した個人からなる大衆が，イデオロギーに吸収され全体主義に陥ってしまう

① ア － a 　 イ － c

② ア － a 　 イ － d

③ ア － a 　 イ － e

④ ア － b 　 イ － c

⑤ ア － b 　 イ － d

⑥ ア － b 　 イ － e

**会話文2**

K：ⓒ戦争は人間どうしの行為でも，その影響は地球上のあらゆる生命に及ぶよね。

L：アフリカの内戦などでは，空爆や銃撃に巻き込まれた動物が死んでしまったり，治安や経済の悪化によって密猟が増加するなどの問題も発生したと聞いたことがあるよ。

J：人間だけでなく，あらゆる生き物，生態系や景観といったものにも生存の権利があるとする考え方があるよね。兵器は人間を殺傷することを目的に作られるけれど，実際にはあらゆる生命に被害を及ぼしている。

K：戦争は人間だけを脅かしているわけではないことは明らかだね。核兵器による被害となると途方もないものになる。70年近く前に出された「ラッセル・アインシュタイン宣言」の内容が全く色褪せないのは，この宣言が良いものだからなのか，人類が進歩していないからなのか。

J：宣言の最後に提示されているⓓ決議は，自分たちに対し問われていることとして受け止めないといけないね。

問4　下線部ⓒに関して，生徒たちは戦争と地球環境というテーマに興味を
　　持ち，次の**ア**～**ウ**の考えを，それぞれ後の**a**～**c**の人物の理論を応用し
　　て導いた。**ア**～**ウ**は，それぞれどの人物の理論を応用したものか。その
　　組合せとして最も適当なものを，後の①～⑥のうちから一つ選べ。
　　　　　24

**ア**　軍事技術が高度化し，大量破壊兵器が実戦投入されるようになって
　　以来，戦争のたびに古くから残されていた自然環境が大規模に破壊さ
　　れたはずだ。まだ解明されていない固有の生物が生息しているはずの
　　生態系も失われた可能性が高い。

**イ**　仮に戦争によっていずれかの人々が勝利したとしても，本当の幸福
　　など得られない。この世界の生きとし生けるものすべてが幸福になら
　　ない限りは，個人の幸福などありえないからだ。

**ウ**　地球環境を良好に保つことは，その時代に地球に暮らしている人間
　　の責任である。戦争によって自然環境や生活文化を破壊してしまうこ
　　とは，未来の人間が本来享受できるはずの様々な可能性を奪うことに
　　なりかねない。

**a**　南方熊楠
**b**　ハンス゠ヨナス
**c**　宮沢賢治

①　**ア**－a　　**イ**－b　　**ウ**－c
②　**ア**－b　　**イ**－c　　**ウ**－a
③　**ア**－c　　**イ**－a　　**ウ**－b
④　**ア**－b　　**イ**－a　　**ウ**－c
⑤　**ア**－a　　**イ**－c　　**ウ**－b
⑥　**ア**－c　　**イ**－b　　**ウ**－a

問5　下線部⑥に関して，生徒たちは，次の**資料2**「ラッセル・アインシュタイン宣言」の決議をもとに，人類がどうあるべきかを話し合った。**問4のア〜ウ**のそれぞれを手がかりに導いた考えとして**適当でないもの**を，後の **①** 〜 **④** のうちから一つ選べ。　| 25 |

**資料2**

> 「私たちは，将来起こり得るいかなる世界戦争においても核兵器は必ず使用されるであろうという事実，そして，そのような兵器が人類の存続を脅かしているという事実に鑑み，世界の諸政府に対し，世界戦争によっては自分たちの目的を遂げることはできないと認識し，それを公に認めることを強く要請する。また，それゆえに私たちは，世界の諸政府に対し，彼らの間のあらゆる紛争問題の解決のために平和的な手段を見いだすことを強く要請する。」

（出所）日本パグウォッシュ会議「ラッセル＝アインシュタイン宣言」新和訳改訂版

**①**　すでに開発された核兵器の存在は，現在の人類の平穏な暮らしを脅かしている。もし世界戦争により核兵器が使用されれば，失われるものは平穏な暮らしだけではなく，人類の存続の可能性にまで及ぶ。

**②**　世界の諸政府は，核兵器の使用がもたらす結末に責任がともなうことを前提に行動すべきだ。なりゆきに任せず主体性をもって現実に関わり，無責任で安易な政治判断は避けるべきである。

**③**　自分よりも他者を第一に考える姿勢を世界の諸政府が持つべきである。そして世界の人々は，見返りを求めず，あらゆる生命に平穏がもたらされるよう，諸政府に平和的手段を求めるべきである。

**④**　一度破壊されてしまった自然環境は同じ状態に戻すことができず，失われたものは取り戻すことができない。世界の諸政府は，核兵器の使用によって失われるものの大きさを深刻に考えるべきである。

# 第3回

## 公 民 〔倫 理〕

$$\begin{pmatrix} 75点 \\ 45分 \end{pmatrix}$$

**注 意 事 項**

1 解答用紙に，正しく記入・マークされていない場合は，採点できないことがあります。特に，解答用紙の解答科目欄にマークされていない場合又は複数の科目にマークされている場合は，0点となります。

2 試験中に問題冊子の印刷不鮮明，ページの落丁・乱丁及び解答用紙の汚れ等に気付いた場合は，手を高く挙げて監督者に知らせなさい。

3 解答は，解答用紙の解答欄にマークしなさい。例えば， 10 と表示のある問いに対して③と解答する場合は，次の（例）のように**解答番号10の解答欄の③にマークしなさい。**

（例）

| 解答番号 | 解　　答　　欄 |
|---|---|
| 10 | ① ② ❸ ④ ⑤ ⑥ ⑦ ⑧ ⑨ |

4 問題冊子の余白等は適宜利用してよいが，どのページも切り離してはいけません。

5 **不正行為について**

① 不正行為に対しては厳正に対処します。

② 不正行為に見えるような行為が見受けられた場合は，監督者がカードを用いて注意します。

③ 不正行為を行った場合は，その時点で受験を取りやめさせ退室させます。

6 試験終了後，問題冊子は持ち帰りなさい。

# 倫　　　　　理

（解答番号　1　～　24　）

**第１問**　次の**場面１**および後の**場面２・３**の文章を読み，後の問い（**問１～9**）に答えよ。（配点　28）

**場面１**　生徒Ａ，生徒Ｂおよび途中で一緒になった生徒Ｃが，学校からの帰り道で歩きながら次の会話をしている。

Ａ：最近，ボッカチオの『デカメロン』を読んでいるんだ。

Ｂ：確か，⒜ルネサンス期の小説だよね？

Ａ：ペストが猛威を振るったヨーロッパを背景にした作品なんだよ。自分たちも，新型コロナウイルスのパンデミックの時代に居合わせることになって，過去の人々は目に見えない感染症をどんな風に捉えていたのか興味がわいてきたんだ。

Ｃ：いわれてみれば，僕たちは，肉眼でこそ見えないけれど，ウイルスや菌の形や感染力，毒性などについて過去の人たちよりもはるかに正確に知ることができているね。ルネサンス期といえば⒝近代科学の幕開けの時代だったから，まだまだペスト菌の正体は明らかになっていない。

Ｂ：勢力が衰えたとはいえ，カトリック教会が大きな権力を持っていた時代だよね。⒞キリスト教的な世界観と近代自然科学のせめぎ合いの中で，近代という新しい文化が築かれていったわけだよね。

**問1** 下線部ⓐに関連して，ルネサンスは古代ギリシア・ローマの文芸を復興させる運動であった。古代に説かれた理想の生き方についての記述として最も適当なものを，次の①～④のうちから一つ選べ。 ☐1

① ソクラテスは，自らの無知を自覚し，その自覚をもとに真の知を探究した。市民に対しても，「無知の知」を自覚させるために問答を重ね，人々が知恵を身につけ，善き生に向かうことを理想とした。

② キリスト教では，神の人への愛，人の神への愛，人々の間の愛など，無差別で無償の愛をすべてエロースと呼ぶ。そして，その愛によってすべての人を自らの隣人へと変えていくという「隣人愛」を理想とした。

③ ウパニシャッド哲学では，宇宙の原理であるアートマンと自己の本質であるブラフマンが一体であるという真理を「梵我一如」と呼ぶ。この真理を悟ることで，輪廻の苦悩から解脱し，永遠の安らぎを得ることを理想とした。

④ 仏教では，人生の普遍的真理を悟り，執着心を捨て去って，永遠の心の安らぎを得る悟りの境地を理想とした。その境地に至るための修行法として，断食などの苦行をその内容とする「八正道」が説かれている。

**問2** 下線部⑥に関連して，近代自然科学の革新に貢献した同一の科学者について述べたものを次の**ア〜カ**のうちから二つ選ぶ場合，その組合せとして最も適当なものを，後の①〜④のうちから一つ選べ。　　2

**ア** 「自然の書物は数学の言葉で書かれている」と述べた。

**イ** 惑星が太陽を焦点とする楕円の軌道を描くことを発見した。

**ウ** 静止した地球を中心に，天体は完全な円運動を行うと考えた。

**エ** 地動説を支持したために二度にわたり宗教裁判にかけられ，地動説の撤回を余儀なくされた。

**オ** 天体の惑星から地上の物体まですべての運動の共通の原因となる万有引力の法則を発見した。

**カ** 無限の宇宙に太陽系が無数に存在し，神を無限の宇宙の生命そのものとする汎神論的な宇宙論を主張したために異端とされた。

① **ア**と**エ**　　② **イ**と**オ**　　③ **ウ**と**カ**　　④ **イ**と**カ**

問3 下線部ⓒに関連して，生徒Aは，中世への批判から始まる近代思想について**レポート**を書いた。**レポート**中の　 a 　〜　 c 　に入る語句や記述を次の**ア〜カ**から選び，その組合せとして正しいものを，後の①〜⑥のうちから一つ選べ。　 3 

**レポート**

> 形骸化した教会への批判は宗教改革という形で各地に展開していった。　 a 　と主張したカルヴァンはジュネーヴで教会が指導する政治を推進した。ネーデルラントやイギリスに広まっていったカルヴィニズムは　 b 　を認め，禁欲的で勤勉な生活態度を重んじたが，これは後世の職業倫理に大きな影響を残した。ボヘミアで宗教改革に取り組んだ　 c 　は綿密な聖書研究にもとづきローマ教皇の至上権を批判したが，火刑に処された。ルネサンスを経て人々の宗教観や人間観は大きく変化したが，同様に中世の学問にかわる新しい学問が探究されるようになり，とりわけ天文学の発展により宇宙観も大きく変化した。

**ア** 聖書と向き合うキリスト者は万人が平等である

**イ** 救済は神の意志によって決められている

**ウ** 商人の蓄財行為

**エ** 贖宥状（免罪符）の販売

**オ** エラスムス

**カ** フス

① a－ア b－ウ c－オ　　② a－ア b－エ c－オ

③ a－ア b－エ c－カ　　④ a－イ b－ウ c－オ

⑤ a－イ b－ウ c－カ　　⑥ a－イ b－エ c－カ

**場面2** 先の会話の翌日，生徒Bは，ルネサンスと自然科学について調べ，次の**メモ**にまとめた。

**メモ**

○目的論的自然観から機械論的自然観への変化
→目的に向かって物事が生成される世界観から，(d)原因から結果を説明しようとする世界観への変化

○(e)イギリス経験論と大陸合理論
→いずれも人間中心主義に根ざすが，知識の源泉をめぐる相違がある。ドイツの哲学者カントによって，統合される。

○聖書研究を行い，信仰を学問や人間の内面から捉えようとする動きが出てくる。
→人文主義者の登場

○プロテスタント勢力とカトリック勢力による宗教戦争が続く最中の時代，人文主義者による人間性の探究は(f)モラリストたちに受け継がれていった。
→ありのままの人間の生活や心理の観察を通じ，キリスト教の精神や古典的教養に立脚した健全な人間性が追究されていく。

**問4** 下線部⑥に関連して，デカルトが唱えた演繹法を示す記述として，**適当ではないもの**を，次の①～④のうちから一つ選べ。　　4

① 風が強いと桜の花が散る。今週は風が強い予報なので，週末のお花見までに花の見頃は過ぎてしまうだろう。

② 隣家の家庭菜園ではキウイが収穫できるという。向かいの家でもキウイがよく採れると聞くので，この地域の気候はキウイの栽培に向いているに違いない。

③ スイカは，降水量 400 ミリ以下で日照時間が 300 時間を超えると豊作になる。今年はこれらの条件を満たしているので，豊作だろう。

④ 例年，秋になると日本列島に台風が接近する回数が増える。暴風や豪雨のニュースは人々の防災意識を高めるので，秋には防災用品の売り上げが伸びる。

**問5** 下線部ⓔに関連して，経験論の世界観を示す記述を次の**ア～カ**のうちから二つ選ぶ場合，その組合せとして最も適当なものを，後の①～④のうちから一つ選べ。　　5

**ア** 自然は神のあらわれであり，あらゆるものは唯一の実体である神が規定している。

**イ** 生まれたばかりの人間の心は，まるで白紙のようである。

**ウ** 精神と物体は異なる実体ではなくいずれも神の属性であり，一つの実体の二つの側面として見えるだけである。

**エ** 世界は，分割不可能な物質であるモナドで構成される。

**オ** 精神や自我でさえ実在するものではなく，知覚の束にすぎない。

**カ** 精神と物体とは，それぞれ独立して存在している。

① アとイ　　② ウとエ　　③ イとオ　　④ オとカ

**問6** 下線部⑤に関連して，次の文章は，人間は偉大さと悲惨さの両面を持つ中間者であると考えたモラリストのパスカルが述べたものである。文章から読み取れる内容として最も適当なものを，後の ① ～ ④ のうちから一つ選べ。 ┃ 6 ┃

---

　　彼〔人間〕は，自分で自分の中心となり，私〔神〕の助けから独立しようと欲した。彼は，私の支配からのがれ出た。そして，自分のなかに幸福を見いだそうとの欲求によって，自分を私と等しいものとしたので，私は彼をそのなすがままにまかせた。そして，それまで彼に従っていたもろもろの被造物をそむかせ，彼の敵とした。その結果，今日では，人間は 獣 に似たものとなり，私からあんなにまで遠く離れているので，その創造主のおぼろげな光がかろうじて残っているにすぎないものとなった。これほどまでに，彼のあらゆる知識は，消し去られるか，かき乱されてしまったのだ。理性から独立して，しばしば理性の主となった感覚は，理性を快楽の追求へとかり立てた。

（前田陽一・由木康訳，パスカル『パンセ』中公文庫より。一部改）

---

① 　私は彼を独立させようとし，彼はついに私の支配から解放されたが，快楽によって，彼はすべての理性を失ってしまった。

② 　私は彼に幸福を見出してほしいと願ったが，快楽の追求により彼の知識は消し去られ，かき乱されてしまった。

③ 　彼は私と対等な関係を築くことで幸福を見出そうとしたが，周囲の裏切りにあって信仰心を失い，獣のような姿に堕落してしまった。

④ 　彼は自分を万能だと思い込み，信仰心を失った結果，まるで私のことが見えなくなり，ついには感覚が理性を支配してしまった。

場面3　生徒A，生徒B，生徒Cは会話を続けている。

C：それで，『デカメロン』はどんな風に展開するの？

A：猛威を振るうペストから逃れてフィレンツェ郊外の別荘にこもった10
　人の男女が，毎日1話ずついろいろな物語を語るという筋書きなんだ
　よ。自由奔放な恋愛，男女のだまし合い，偽善的な宗教家など，ルネ
　サンスを象徴する人間性の解放を思わせるテーマが盛り込まれている
　んだ。

B：ペストの恐怖から隔絶された異世界で思い思いの物語が語られるなん
　てすごく面白い設定だね。それまでタブーとされてきたテーマでも，
　⒢人間と神との関係が変化を迎える時代だからこそ描くことができ
　たのかな。

C：しかし，こういう作品への風当たりは強かったのではないかと思う。
　宗教界からは反道徳的ときつく叱られそうだよ。

A：きっと賛否両論あっただろうね。けれど，歴史は逆戻りせずに人間性
　の追究の方へと向かっていった。

B：歴史の転換点には，⒣社会の抱える矛盾への批判があるようだね。

C：今の僕らは，⒤自分にとって何が一番大切か，ということを物事の判
　断基準にしているけれど，人間の価値観がこうして変化してきたこと
　を考えると，個人よりも優先されるべきものがある，という考えが出
　てきたとしてもおかしくないよね。

A：例えば，コミュニタリアニズムでは，個人を共同体と結びつけて，個
　人は共同体の価値観に拘束されると考えるよね。こうしたところから，
　変化が始まるのではないかな。

**問7** 下線部⑧に関連して，次の会話は，生徒Ａと先生が交わしたものである。会話の内容を踏まえて， ア に入る生徒Ａの言葉として最も適当なものを，後の ① ～ ④ のうちから一つ選べ。 7

Ａ：長い目で見ると，目的論的自然論から機械論的自然論への転換は，人間と科学の関わりを深めたかわりに，人間と神の関係を希薄にしたように見えます。

先生：一見そのように見えますが，科学の恩恵によって変化した人間を，神との関係で再定義しようとした思想家も現れました。特に，ドイツのニーチェは，キリスト教を否定し「神は死んだ」といいました。

Ａ：人間と神のネガティブな再定義のようですね。

先生：ニーチェは，キリスト教的価値観が崩壊し，世界が無目的で無価値であることが露呈したため，人生の意味や目的が失われるニヒリズムの時代が到来したと主張しました。キリスト教の道徳は来世での救いと神への服従を求めるもので，強者の支配する現世を否定するものでもあり，今を生きようとする人間の意志を抑圧していると考えたのです。また，神の愛が弱い者へ向けられることで人間は向上心を失い，堕落し，人々をニヒリズムに導いたと解釈しました。

Ａ：もしかすると，それは， ア という考えに発展しそうですね。

先生：正解です。反キリスト者のニーチェは，キリスト教的価値観の崩壊を積極的に評価した上で，ニヒリズムという現実に直面しながらもそこから逃げず，それを自分のありのままの姿として受け入れる強さを持った超人こそが，人間の理想的なあり方だと論じたのです。

① 神の死を受け入れることで，ニヒリズムから脱却できる

② 現世での救いを神に求めることで，ありのままの生き方を実現できる

③ 神が死んだことで，人間の本来の生き方を取り戻すことができる

④ 弱い者が生きる意味を見出すために，神の愛が必要である

**問8** 下線部ⓗに関連して，次の**資料**は，「倫理」の授業中に，先生が配布したものである。後の**ア～エ**のうち，**資料**の述べている内容に当てはまるものはどれか。当てはまるものをすべて選び，その組合せとして最も適当なものを，後の ① ～ ⑥ のうちから一つ選べ。　　　8

**資料**

> さて，労働の外化〔疎外〕とはどんな形を取るのか。
>
> 第一に，労働が労働者にとって外的なもの，かれの本質とは別のものという形をとる。となると，かれは労働のなかで自分を肯定するのではなく否定し，心地よく感じるのではなく不仕合わせ（ふしあわせ）に感じ，肉体的・精神的エネルギーをのびのびと外に開くのではなく，肉体をすりへらし，精神を荒廃（こうはい）させる。だから，労働者は労働の外で初めて自分を取りもどし，労働のなかでは自分を亡（な）くしている。……労働が労働者にとって外的なものだということは，労働がかれ自身のものではなく他人のものであり，他人に属すること，労働のなかでかれが自分ではなく他人に帰属していることのうちに見てとれる。
>
> （長谷川宏訳，マルクス『経済学・哲学草稿』光文社古典新訳文庫より。一部改）

ア　労働が人間から人間らしさを奪っている状態を「疎外」という。本来，労働とは自己実現の営みである。

イ　労働により生産されたものは，本来，他人に帰属すべきものである。したがって，労働者自身も他人に帰属するべきものである。

ウ　労働という行為の中で，労働者は自分自身を失っている。したがって，労働の外において自分自身を取り戻さなければならない。

エ　労働という行為と，それを行う労働者自身までもが，他人に支配されてしまっている。

① アとイ

② アとエ

③ イとウ

④ ウとエ

⑤ アとイとウ

⑥ イとウとエ

**問9** 下線部①に関連して，生徒Cは，「自分にとって何が一番大切なのか」という問いを追究した実存主義について調べ，**レポート**を作成した。**レポート**中の　　a　　〜　　c　　に入る記述を下の**ア〜ウ**から選び，その組合せとして最も適当なものを，後の **①** 〜 **⑥** のうちから一つ選べ。　　**9**

**レポート**

> 　今から 100 年近く前，フランスの思想家ボーヴォワールは，著書『第二の性』の中で，女性のジェンダーは生まれついたものではなく，社会からその役割を与えられるのだと主張し，　　a　　。
>
> 　「自分にとって何が一番大切なのか」という問いは，芸術作品の中でも追究された。フランスの作家で，『異邦人』『ペスト』などの作品で知られるカミュは，　　b　　。同時代に活躍したノルウェーの画家ムンクは，　　c　　。
>
> 　人間は長い間同じ問いに向き合っているように感じられるが，こうした過去の人々の足跡をたどると，今の僕らにとって何が大切なのかが見えてくるのかもしれない。

**ア**　人間存在と切り離すことができない死・病気・孤独・不安などをモチーフにした作品を残した

**イ**　理屈や常識が意味をなさない状況に直面する人間存在の不条理を直視しながら生きる姿を描いた

**ウ**　男性優位の社会は女性に対して特定の生き方を押しつけているとして批判した

**①** a－ア　b－イ　c－ウ　　**②** a－ア　b－ウ　c－イ
**③** a－イ　b－ア　c－ウ　　**④** a－イ　b－ウ　c－ア
**⑤** a－ウ　b－ア　c－イ　　**⑥** a－ウ　b－イ　c－ア

**第2問** 　生徒D，生徒E，生徒Fは，「倫理」の時間に先生と万国博覧会（万博）について話し合っている。次の**会話文**を読み，後の問い（**問1～5**）に答えよ。（配点　15）

**会話文**

D ：私は(a)万博へ一度も行ったことがないのですが，テーマパークのような感じなのですか？

先生：万博は，その時代の人々に関心の高いテーマのもと，期間限定で開催される大規模な展示会といった感じでしょうか。

E ：現在の万博の始まりは，1851年にロンドンで開かれた国際博覧会のようですね。日本は1867年のパリ万博に初めて参加し，(b)明治時代以降は頻繁に出展するようになりました。

先生：日本政府として公式に万博に参加したのは，1873年のウィーン万博からだといわれています。この年は，日本でキリシタン禁止令がようやく解かれた年でもあります。

D ：日本でも，アメリカを中心としたプロテスタント系キリスト教の布教が盛んになったのですよね。

F ：確か，(c)武士の家庭に育った人たちからたくさんのキリスト教の思想家が出たのですよね。

先生：そうです。宗教としてのキリスト教だけでなく，キリスト教に日本という国の方向性を見出す形での受容が進みました。キリスト教に限らず，(d)新たに流入した西洋の価値観を手がかりに日本独自の思想を再構築しようという動きも出てきます。

E ：身近な生活の中でも，(e)日本人は外国から入ってきた宗教を，日本なりのものとして取り入れていますよね。明治時代には，政府は日本古来の神道を国家統合に利用しましたが，仏教も廃れることなく，現在の日常生活にまで影響を与えています。

問1　下線部ⓐに関して，生徒Fは，日本のユリが万博で人気を博しユリ根の輸出が盛んになったことを知り，次の外国向けのユリのカタログを見つけ，**レポート**を作成した。後の**レポート**中の空欄　ア　～ウ　に当てはまる語句の組合せとして正しいものを，後の①～⑧のうちから一つ選べ。　10

（出所）横浜植木株式会社編『百合花選』，横浜植木，明 27.11．国立国会図書館デジタルコレクション

**レポート**

　　日本ではもともとユリは食用として栽培されていたが，シーボルトによってその花の美しさが欧米に紹介され，人気が高まった。この『百合花選』は，ユリ根の輸出を行っていた園芸会社が出版したユリの花のカタログである。

　　1823 年に来日したシーボルトは，1829 年に国外追放となるまでの間に多くの洋学者を育てた。特に，　ア　は尚歯会を設立して洋学の研究を行い，江戸幕府の鎖国政策を批判した。アヘン戦争で清がイギリスに敗れると，　イ　の「東洋道徳，西洋芸術」に代

表される和魂洋才の論調がいっそう高まり, 1868 年には明治維新が始まった。

シーボルトが帰国後にヨーロッパに紹介した日本の文物の中でも, ユリは特に人々の関心を集め, 明治維新以降は日本のユリ根が盛んに輸出されるようになった。万博で爆発的な人気を博した日本のユリは, 欧米のイースターやクリスマスなどで多用される花となった。

明治維新にともなう極端な欧化政策はその反発として様々な思想を生んだが, 中でも国家主義は日清戦争での勝利や対外膨張政策によって形成され, 軍国主義に結びついていった。平民主義の立場から国家主義に転じた ウ などが代表的な人物である。

ユリ根の輸出は昭和初期にかけてピークを迎えるが, 太平洋戦争の勃発とともにストップしてしまう。日本に洋学をもたらしたシーボルトとの縁から始まったユリの貿易が, 欧化政策の反動の先に終わりを迎えたことはとても残念に感じる。

① ア 渡辺崋山　イ 佐久間象山　ウ 徳富蘇峰
② ア 渡辺崋山　イ 佐久間象山　ウ 陸羯南
③ ア 渡辺崋山　イ 横井小楠　ウ 徳富蘇峰
④ ア 渡辺崋山　イ 横井小楠　ウ 陸羯南
⑤ ア 高野長英　イ 佐久間象山　ウ 徳富蘇峰
⑥ ア 高野長英　イ 佐久間象山　ウ 陸羯南
⑦ ア 高野長英　イ 横井小楠　ウ 徳富蘇峰
⑧ ア 高野長英　イ 横井小楠　ウ 陸羯南

**問2** 下線部ⓑに関して，次の**ア～ウ**は，日本の伝統思想と新たに受容された欧米思想とが激しく対立した近代日本の倫理的思索の中で，日本の近代化を進め日本人の精神生活を変革しようとした人物についての説明であるが，それぞれ誰のことか。その組合せとして正しいものを，後の①～⑥のうちから一つ選べ。　| 11 |

**ア** 明六社に参加して天賦人権論を主張，東京帝国大学総長として大学教育の基盤を作った。しかし，著書『人権新説』において一転して天賦人権論を否定し，進化論の優勝劣敗・生存競争にもとづいた国権論を展開し自由民権運動に反対するなど，論争を巻き起こした。

**イ** 封建的な教学や道徳を批判して啓蒙活動を展開し，明六社に参加した。独立自尊の精神によって個人が独立してこそ日本の独立がなされると主張するとともに，儒教主義にもとづいたアジア諸国との連帯から抜け出し西洋の文明国と行動をともにするべきだと考えた。

**ウ** 幕末に英米に留学し，西洋文明に決定的な影響を受け，アメリカなどの学術結社を日本にも作ろうと啓蒙思想家に呼びかけて明六社を結成した。伊藤博文の推挙で文部大臣になり学校令を制定してピラミッド型の国家主義的教育体制を構築しようと試みたが，国粋主義者の反発を招いた。

① **ア** 加藤弘之　**イ** 森有礼　**ウ** 福沢諭吉
② **ア** 加藤弘之　**イ** 福沢諭吉　**ウ** 森有礼
③ **ア** 福沢諭吉　**イ** 森有礼　**ウ** 加藤弘之
④ **ア** 福沢諭吉　**イ** 加藤弘之　**ウ** 森有礼
⑤ **ア** 森有礼　**イ** 加藤弘之　**ウ** 福沢諭吉
⑥ **ア** 森有礼　**イ** 福沢諭吉　**ウ** 加藤弘之

問3 下線部ⓒに関して，次の**ア〜ウ**は，近代日本におけるキリスト者について の説明である。その正誤の組合せとして正しいものを，後の①〜 ⑧のうちから一つ選べ。 | 12 |

**ア** 内村鑑三は，札幌農学校に学び，キリスト教の洗礼を受けた。クエー カーの信仰に強く共鳴し，キリスト教にもとづく人格主義・理想主義 の教育を導入した教育者として活動するとともに，国際連盟事務次長 として国際平和のために貢献した。

**イ** 植村正久は，維新後の横浜でキリスト教と出合い，伝道と教会建設 に尽力し，明治・大正期の日本プロテスタント教会の中心的指導者と なった。教会の自主独立と日本人による伝道を推進するとともに，国 家主義的な風潮に抵抗した。

**ウ** 新渡戸稲造は，札幌農学校でキリスト教と出合い，日本の武士道が キリスト教の真理と正義を実現する土台となると主張した。良心にも とづいて教育勅語に「敬礼」を行わなかったため非難を受け，第一高 等中学校の講師の職を辞した。

① **ア** 正 **イ** 正 **ウ** 正
② **ア** 正 **イ** 正 **ウ** 誤
③ **ア** 正 **イ** 誤 **ウ** 正
④ **ア** 正 **イ** 誤 **ウ** 誤
⑤ **ア** 誤 **イ** 正 **ウ** 正
⑥ **ア** 誤 **イ** 正 **ウ** 誤
⑦ **ア** 誤 **イ** 誤 **ウ** 正
⑧ **ア** 誤 **イ** 誤 **ウ** 誤

問4 下線部ⓓに関して，ある思想家が人間についての理解を再構築しよう
とした次の**資料**を読み，その著者名を後の**ア〜ウ**のうちから，文章中の
空欄 ☐ に共通して当てはまる用語を後の**a〜d**のうちから，そ
れぞれ正しいものを一つずつ選び，その組合せとして最も適当なものを，
後の①〜⑧のうちから一つ選べ。 13

**資料**

> 人間とは「世の中」であるとともにその世の中における「人」で
> ある。だからそれは単なる「人」ではないとともにまた単なる「社
> 会」でもない。ここに人間の二重性格の ☐ 的統一が見られ
> る。……人間はかくのごとき対立的なるものの統一である。この
> ☐ 的な構造を見ずしては人間の本質は理解せられない。
>
> （「最新版　倫理資料集」清水書院より）

著者名

**ア** 三木清　　**イ** 鈴木大拙　　**ウ** 和辻哲郎

空欄 ☐ に当てはまる用語

**a** 社会　　**b** 弁証法　　**c** 潜在　　**d** 自然法

① ア－a　　② ア－c　　③ ア－d　　④ イ－a
⑤ イ－b　　⑥ ウ－a　　⑦ ウ－b　　⑧ ウ－d

**問5** 下線部ⓔに関して，次の会話は，生徒Dと生徒Eが日本人の宗教受容
をめぐって交わしたものである。その内容の説明として最も適当なもの
を，後の ① ～ ④ のうちから一つ選べ。 <u>14</u>

D：特定の宗教を信仰せず，様々な宗教の教えや行事を生活に取り入れて
いる日本人のあり方は，どこか無節操な気がしてしまうな。

E：でも，どんな宗教も，それぞれの風土や人間関係の中で少しずつ育ま
れてきたものではないのかな。

D：そう考えると，新しい宗教が入ってきた時に，もともと日本にあった
教えとうまく融合し，どちらの考え方も否定することなくうまく生活
になじませることで，日本なりの宗教観が育まれてきたといえそうだ。

E：本来の教えとは異なる形になろうとも，このような姿勢のおかげで，
日本では宗教による争いがヨーロッパなどよりは少なかったとすれ
ば，平和と救いを求める宗教の本来の目的は達成されているのかも
しれないね。

D：とはいえ，グローバル化が進展する中で，本来の形での宗教を信仰し
ている人たちと交流する機会も増えているね。例えば，日本の文化と
しては受容されていないからといって，イスラーム教徒が行う1日5
回の礼拝を制限するのは間違っていると思うな。

E：それぞれの宗教本来の教えと，日本で受容されてある程度変容した宗
教のあり方とについて，お互い理解し合うことが重要だね。

① 　Dは当初，複数の宗教についてその一部分のみを取り入れる日本人の宗教観に疑問を抱いたが，そもそも宗教がどう発展してきたのかに目を向け，日本人の宗教観も，日本という環境で発展した一つの宗教のあり方なのだ，と考えるようになった。

② 　Dは当初，複数の宗教についてその一部分のみを取り入れる日本人の宗教観に疑問を抱いたが，そもそも宗教がどう発展してきたのかに目を向け，日本の宗教観こそが宗教のあるべき姿なのだ，と考えるようになった。

③ 　Eは，複数の宗教を生活に組み入れてきた日本の宗教のあり方がもたらした影響について考えた結果，本来の形の宗教を信仰している人たちにとっては，日本においてその教えが変容していることは受け入れがたいはずで，争いの火種となりかねない，と考えるようになった。

④ 　Eは，複数の宗教を生活に組み入れてきた日本の宗教のあり方がもたらした影響について考えた結果，やはり宗教は誕生した本来の形のままで信仰している人たちこそ尊重するべきだ，と考えるようになった。

**第3問** 「倫理」の授業の課題で，「水をめぐる問題」について調べて発表することになった生徒G，生徒H，生徒Iは，先生が配布した**資料1**を見ながら会話をしている。次の**会話文**を読み，後の問い（**問1～5**）に答えよ。
（配点　16）

**会話文**

　I：この水循環基本法は，2014年に施行されているんだね。資料では，ⓐ水循環の定義と基本理念が紹介されている。水をめぐる環境について政策として取り組むということだね。

　H：日本は水が豊富な国だよね？　日常生活で水をめぐる問題を意識したことはあまりないかな。

　G：地球上の水の約97％が塩水で，淡水はおよそ3％しかないということはあまり知られていないと思う。しかも，淡水の多くは氷河や地下水などで，人間が容易にアクセスできる河川などの淡水は本当に限られた貴重な資源なんだよ。

　I：淡水を守るという観点からⓑ地球環境問題を考える必要もあるかもしれないよ。中央アジアのアラル海も，大規模な灌漑（かんがい）農業によってほとんど干上がってしまった。

　H：淡水が豊富に得られる生活は当たり前ではないんだね。

　G：自宅から徒歩で往復何時間もかけて水を汲みに行かないとならない人も大勢いるね。しかもその水は安全でないこともあるし，水汲みの役割をⓒ子どもたちが担っていることも多い。

　I：国連では，ⓓ安全な水へのアクセスは基本的人権だとしているね。

**資料1　水循環基本法の概要**

○定義（第2条）

1．水循環　水が，蒸発，降下，流下又は浸透により，海域等に至る過程で，地表水，地下水として河川の流域を中心に循環すること

2．健全な水循環　人の活動と環境保全に果たす水の機能が適切に保たれた状態での水循環

○基本理念（第3条）

1．水循環の重要性　水については，水循環の過程において，地球上の生命を育み，国民生活及び産業活動に重要な役割を果たしていることに鑑み，健全な水循環の維持又は回復のための取組が積極的に推進されなければならないこと

2．水の公共性　水が国民共有の貴重な財産であり，公共性の高いものであることに鑑み，水については，その適正な利用が行われるとともに，全ての国民がその恵沢を将来にわたって享受できることが確保されなければならないこと

3．健全な水循環への配慮　水の利用に当たっては，水循環に及ぼす影響が回避され又は最小となり，健全な水循環が維持されるよう配慮されなければならないこと

4．流域の総合管理　水は，水循環の過程において生じた事象がその後の過程においても影響を及ぼすものであることに鑑み，流域に係る水循環について，流域として総合的かつ一体的に管理されなければならないこと

5．水循環に関する国際的協調　健全な水循環の維持又は回復が人類共通の課題であることに鑑み，水循環に関する取組の推進は，国際的協調の下に行われなければならないこと

（出所）内閣官房水循環政策本部事務局 Web ページにより作成。

問1　下線部ⓐに関連して，生徒たちが参照している**資料1**について説明したものとして最も適当なものを，次の①〜④のうちから一つ選べ。
　　　15

①　水は公共性の高い貴重な財産なので，できるだけ多くの生活用水と産業用水を確保するよう流域の総合管理を行うことが望ましい。

②　樹木の枯死などを引き起こす酸性雨は，水循環の過程のうち，水の降下に限定にして関わる問題だといえる。

③　国民生活と産業活動に果たす水の機能が適切に保たれた状態での水循環を，健全な水循環だと位置づけている。

④　国民生活や産業活動は水循環の一部を構成しているため，水循環への影響が最小限となるような配慮がされるべきである。

問2　下線部ⓑについて述べた文として最も適当なものを，次の①〜④のうちから一つ選べ。　　16

①　パリ協定では，先進国だけが温室効果ガスの削減義務を負ったことから交渉が難航し，アメリカが離脱した。

②　レオポルドは，水，土壌，動植物などからなる生態系を土地と呼び，人間もこの土地共同体の一部であると論じた。

③　人間だけでなく，あらゆる生き物や生態系，景観にも生存権があるとする考え方を，地球有限主義という。

④　環境アセスメントとは，大規模な開発によって環境にどの程度の負荷がかかったかを事後に評価する制度である。

**問 3** 下線部ⓒに関連して，次の**ノート**は，子どもから大人へと向かう時期の人間についてある大学生がまとめたものである。文章中の　　a　　・　　b　　に入る語句や記述の組合せとして最も適当なものを，後の①〜⑥のうちから一つ選べ。　17

**ノート**

> 今年 21 歳になる自分は，今，青年期の終わりにあたる大人への過渡期のようだ。どうやら青年期には，自意識の芽生えや自己と他者の区別などの気づきを経験するようだけれど，自分も無意識のうちにこうした変化を経験しているのだろう。
>
> 思えば，小さな子どもは自分の観点だけから物事を見ているが，徐々に客観的な視点を獲得し，抽象的な概念を理解するようになっていく。これはピアジェのいう　　a　　が説明していることだ。もう少し大きくなると，子どもではないが大人の集団に属しているわけでもない微妙な時期がやってくるけれど，この時期の青年はレヴィンがマージナル＝マンと表現している。このあたりの時期は自分にも覚えがある。
>
> 現在大学生の僕は　　b　　立場だ。これはエリクソンが心理・社会的モラトリアムと呼び，小此木啓吾はモラトリアム人間という言葉で批判的に捉えている。この先，年齢を重ねていくと，どんな心境の変化があるのだろう。

① a 脱中心化　　b 社会への参加を猶予され自己探究をする
② a 第二の誕生　　b 大人の仲間入りをしている
③ a 心理的離乳　　b 社会への参加を猶予され自己探究をする
④ a 脱中心化　　b 大人の仲間入りをしている
⑤ a 第二の誕生　　b 社会への参加を猶予され自己探究をする
⑥ a 心理的離乳　　b 大人の仲間入りをしている

問4 下線部ⓓに関連して，生徒たちは，世界の人々の飲み水へのアクセス状況を表した**資料2**を見ながら会話をしている。会話文中の下線部①～④のうち，**資料2**から読み取れる内容として**適切でないもの**を一つ選べ。 18

**資料2**

| | 外部汚染から保護される構造 | 自宅にある | 必要な時にいつでも入手できる | 水質の安全性の確認 | 自宅に水を持ってくるのにかかる時間 | 世界の人々のアクセス状況 |
|---|---|---|---|---|---|---|
| 安全に管理された飲み水 | ○ | ○ | ○ | ○ | － | 73% |
| 基本的な飲み水 | ○ | 満たさない項目がひとつでもあれば× | | | 往復30分以内（待ち時間含め） | 18% |
| 限定的な飲み水 | ○ | 満たさない項目がひとつでもあれば× | | | 往復30分を超える（待ち時間含め） | 4% |
| 改善されていない水源，地表水 | × | － | － | － | － | 5% |

(注1) 2022年時点。

(注2) 改善されていない水源とは，外部からの汚染や排泄物から十分に保護される構造を備えていない井戸や泉などの水源，地表水とは，川，ダム，池などから直接得られる水。

(出所) 日本ユニセフ協会Webページにより作成。

G：①世界の人口のおよそ3割が，自宅で安全な飲み水を確保できていないということだ。

I：②基本的な飲み水にアクセスのある人の場合，自宅に水道があっても常に使用可能ではないケースがあるんだね。

H：それはどういうこと？

I：水道の利用が可能な時間帯が決められているとかじゃないかな。

G：「時間給水」というんだ。③限定的な飲み水へのアクセスが可能な人たちの中にも，「時間給水」の制限を受けている人たちがいるかもしれないね。

H：往復30分以上かけて飲み水を確保している人たちもいるんだね。でも，

④ <u>それ以上に汚染の危険のある水をそのまま飲み水とせざるを得な</u>
<u>い人たちの方が多い</u>みたいだ。

問5　次の会話は，**問4**の生徒たちの会話の続きである。会話文中の

　　　　　a　・　b　に入る記述の組合せとして最も適当なものを，後

の①〜④のうちから一つ選べ。なお，①〜④のbの記述内容自体は全

て正しいものとなっている。　　19

Ⅰ：こうして見てみると，日常的に衛生的な水にアクセスできない人がた
　　くさんいるんだね。

H：何といっても，安全な水にアクセスできない人々の環境の改善が急務
　　じゃないかな。

G：水に困っているすべての人の状況を今すぐに改善すべきだとは思うけ
　　れど，優先順位をつけるとしたら，安全な飲み水があるのに，アクセ
　　スが限定されている人々の環境だと僕は思うな。安全な水源が確保さ
　　れているなら，あとは水道を整備して各家庭に供給するだけだよ。

H：その方がより多くの人の環境が効率よく改善されるかもしれないね。

Ⅰ：みんなの話を聞いていると，この問題にはいろいろなアプローチがあ
　　りそうだということがわかったよ。私は，　　a　　。

H：僕は，人間の安全保障の観点から安全な水にアクセスできない状況の
　　改善が最優先だと考えたけれど，そういう視点もあるね。

G：安全な水へのアクセスがない環境にいる人々にとっては，水がないこ
　　とだけが唯一の問題ではなくて，それによってあらゆる可能性が阻害
　　されてしまっているということか。

H：水の供給の効率や優先順位ばかりを考えていると，水をめぐる支援を
　　必要としている人たちは，水以外のことでも困っているはずだという
　　基本的な理解がおろそかになりそうだ。

G：やはり，　　b　　のような思想に立ち返るべきなのかもしれない。

Ⅰ：それは，J.S. ミルの考えた質的功利主義のあるべき姿ともいえるね。

① a 国家単位で考える安全保障が想定していない種類の脅威から個人を守るためのしくみが必要だと思うな

b 貧困のない平和な世界のために，質素な生活としての節用と人類愛としての兼愛を説いた墨子

② a 各自がそれぞれの経済規模に応じた生活を送り，その中で発生した余剰を社会に還元するという考え方が必要だと思うな

b 人は誰でも生まれながらに憐れみの心を備えていると考えた孟子

③ a 最も基本的な生活環境を整えることは，人がそれぞれにとってより良い生き方を選択するために必須だと思うな

b 自分が人にしてもらいたいと望むことは，人々にもその通りにしなさいというイエスの黄金律

④ a 未来の世代も今の世代も，それぞれに必要な資源が得られるような開発のあり方を検討すべきだと思うな

b 正義は非暴力主義によって実現されなくてはならないと説いたガンディー

**第4問** 生徒J，生徒K，生徒Lのグループは，「倫理」の授業で，「オーバーツーリズム」について探究する学習を行うことになり，意見交換を行った。次の**会話文**を読み，後の問い（**問1～5**）に答えよ。（配点　16）

**会話文**

J：国際観光客の数は右肩上がりに伸びていて，1950年に約2,500万人だった国際到着数が，2017年には13億人を超えたんだって。

K：すごい規模の人の移動だ。玄関口となる各国の都市の混雑が問題になるのもうなずけるね。通学時間帯に大きなスーツケースを持った外国人観光客が駅でうろうろしていることがあって，正直ⓐ<u>ストレス</u>だなって思ってしまうこともある。

L：貴重な文化財が観光客の増加によって修復不可能なダメージを受けることも懸念されていて，ⓑ<u>ギリシア</u>のパルテノン神殿では，政府が1日に入場できる人数を制限することにしたそうだよ。

K：観光客の増加が地元住民の生活に悪影響を与えることや，混雑の度が過ぎて訪れた観光客が不快な思いをすることなどがオーバーツーリズムの定義とされているようだ。

J：グローバル化がここまで進んで，ⓒ<u>国境を越えた移動</u>がこんなに手軽になった以上，過去の考え方や社会のしくみでは対応ができないんじゃないかと思う。

L：20世紀の思想家　**ア**　は，一元的な価値観を追究し体系的な理論体系を作ろうとした近代哲学の限界を論じたけれど，　**ア**　の考えにもとづくと，　**イ**　といえるかもしれないね。

J：観光は地域経済にはなくてはならない産業だから，地域住民も含めてみんなで育てていかなくてはならないよね。

K：けれど，地球環境問題や感染症の流行など，産業としての観光を脅かす状況があることも事実だ。

**問1** 下線部@に関して，ストレスや欲求について研究した精神分析学者についての次の文章中の　a　〜　c　に入る語句や記述の組合せとして正しいものを，後の ① 〜 ④ のうちから一つ選べ。　20

---

　人間は，様々な欲求を持ち，欲求の充足をめぐってストレスを受けることがある。フロイトによると，人間は欲求を満たすことができなかった場合，　a　と指摘した。この心の働きを　b　といい，欲求不満や葛藤などへの対処を可能にしているという。

　一方，精神分析学者で当初フロイトの共同研究者だったアドラーは，人間は誰しも劣等感を持っているとした上で，その劣等感を克服しようとする意識を　c　と呼び，劣等感を克服しようとする努力が人間の成長につながると主張した。

---

① a 無意識のうちに欲求を諦め，忘れようとする
  b 防衛機制
  c 耐性

② a 無意識のうちに欲求を諦め，忘れようとする
  b 合理化
  c 補償

③ a 無意識のうちに不安を和らげ，精神の安定を保とうとする
  b 合理化
  c 耐性

④ a 無意識のうちに不安を和らげ，精神の安定を保とうとする
  b 防衛機制
  c 補償

問2　下線部ⓑに関して，次の文章は，古代ギリシアの哲学者の著書の一部
　　である。この文章を読み，この著者の別の著書の一節として正しいもの
　　を，後の ① ～ ④ のうちから一つ選べ。　| 21 |

> 　人間がものを知る働きは，人呼んで〈実相〉（エイドス）というも
> のに則して行なわれなければならない，すなわち，雑多な感覚から
> 出発して，思考の働きによって総括された単一なるものへと進み行
> くことによって，行なわれなければならないのであるが，しかるに
> このことこそ，かつてわれわれの魂が，神の行進について行き，い
> まわれわれがあると呼んでいる事物を低く見て，真の意味において
> あるところのもののほうへと頭をもたげたときに目にしたもの，そ
> のものを想起することにほかならないのであるから。
>
> 　　　　　　　　　　　　　（「最新版　倫理資料集」清水書院より）

① 「生きることの最大の障害は期待をもつということであるが，それ
　は明日に依存して今日を失うことである。」

② 「「相互に相手に対して抱かれる好意」をわれわれは愛と呼ぶのであ
　る。」

③ 「知は最も美しいものの一つであり，しかもエロースは美しいもの
　に対する恋（エロース）です。」

④ 「……もろもろの倫理的な卓越性ないしは徳というものは，決して
　本性的に，おのずからわれわれのうちに生じてくるものでないことは
　明らかであろう。」

問3　**会話文**の空欄　ア　には後の人名aかb，空欄　イ　には後の
　　記述c～eのいずれかが当てはまる。当てはまるものの組合せとして最
　　も適当なものを，後の①～⑥のうちから一つ選べ。　22

　空欄　ア　に当てはまる人名

　　a　ノージック
　　b　リオタール

　空欄　イ　に当てはまる記述

　　c　観光のさらなる促進によって，自分や自分の住む地域にどのよう
　　　な変化がもたらされるかの情報が一切与えられていない状況の中で，
　　　人々が承認できるような観光のあり方を模索すべきだ
　　d　有名な観光地に多くの観光客を集客するという従来の観光のあり方
　　　は成立が不可能になりつつあるので，個々の観光客や観光地の状況に
　　　適応した観光のあり方を構築すべきだ
　　e　観光資源はそれを所有する主体のものであり，国家はこの権利を保
　　　障する役割を担うべきであって，観光資源へのアクセスを制限するな
　　　どの介入を行うべきではない

　　①　アー a　　イー c
　　②　アー a　　イー d
　　③　アー a　　イー e
　　④　アー b　　イー c
　　⑤　アー b　　イー d
　　⑥　アー b　　イー e

問4　下線部ⓒに関して，次の**図1**は「外国に住んだり，旅行したりした
ことがあるか（留学を含む）」，**図2**は「将来外国に住みたいと思うか」
という項目について，世界7カ国の満13〜29歳の青年を対象に行われ
たアンケート調査の結果である。この図を見て交わされた次ページの会
話を読み，　a　・　b　に入る記述の組合せとして最も適当な
ものを，後の ① 〜 ④ のうちから一つ選べ。　23

**図1　外国に住んだり，旅行したりしたことがあるか（留学を含む）**

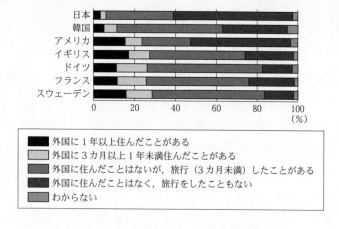

- ■ 外国に1年以上住んだことがある
- □ 外国に3カ月以上1年未満住んだことがある
- ▨ 外国に住んだことはないが，旅行（3カ月未満）したことがある
- ▩ 外国に住んだことはなく，旅行をしたこともない
- ▨ わからない

**図2　将来外国に住みたいと思うか**

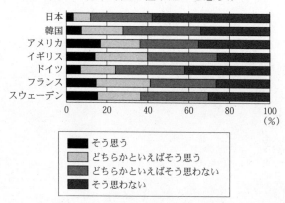

- ■ そう思う
- □ どちらかといえばそう思う
- ▨ どちらかといえばそう思わない
- ▩ そう思わない

（出所）内閣府『我が国と諸外国の若者の意識に関する調査』（平成30年度）より作成。

K：ヨーロッパでは３割近くの若者が外国に長期滞在した経験があって，旅行も含めると全体の８割近くが海外に出かけたことがあるんだね。

L：逆に，日本では長期滞在の経験のある若者が約１割で，旅行を含めても全体の４割程度しか海外経験がないみたいだね。

K：僕は， [ a ] が意外だと思ったよ。

L：島国のイギリスと大陸のフランスで全く同じ傾向だというのが，私にとっては意外だったな。

K：アジアと欧米の比較も面白いね。 [ b ] ということが読み取れるね。

① a アメリカの若者が海外経験豊富な割に将来の海外居住志向が高いこと

　 b ドイツと韓国の若者はともにアメリカの若者より海外経験が豊富だけれど，ドイツの若者の将来の海外居住志向はアメリカの若者より低い

② a スウェーデンの若者が海外経験豊富な割に将来の海外居住志向がそれほど高くないこと

　 b ドイツと韓国の若者はともにアメリカの若者より海外経験が豊富だけれど，ドイツの若者の将来の海外居住志向はアメリカの若者より低い

③ a アメリカの若者が海外経験豊富な割に将来の海外居住志向が高いこと

　 b ドイツと韓国の若者はともにアメリカの若者より海外経験が豊富で，かつ将来の海外居住志向もアメリカより高い

④ a スウェーデンの若者が海外経験豊富な割に将来の海外居住志向がそれほど高くないこと

　 b ドイツと韓国の若者はともにアメリカの若者より海外経験が豊富で，かつ将来の海外居住志向もアメリカより高い

問5　次の会話は，「倫理」の授業後に生徒たちが交わしたものである。102ページの会話も踏まえて，会話中の　a　～　d　に入る記述の組合せとして最も適当なものを，後の ① ～ ④ のうちから一つ選べ。　24

J：オーバーツーリズムが与える影響が，地元の人々が許容できる限度を超えてしまうのは良くないけれど，私は，　a　。

K：僕は，　b　。

L：なるほど，そういうアイディアもあるね。観光客と住民の両方にメリットがありそうだね。

K：開発が進むと地価が上昇して住民の住居費が圧迫されるとか，レストランなどの食事の値段が高くなって地元の人たちが利用しにくくなっていると聞くよ。やはり，住民の生活を守ることが最優先だよ。

J：でも，観光客の行動を変化させるだけでは問題は解決しないと思う。自分たちのコミュニティは観光と相互に影響し合っているということを住民側が強く認識する必要があるんじゃないかな。観光の促進には地域の歴史的な地区や伝統建築の保護なんかも含まれるわけだし。

L：それは　c　ということかな。

J：そうだね。加えて，観光に関わる人たちの雇用水準を大きく引き上げるべきだと思う。住民の生活を守ることにつながっていくよ。

L：観光の促進にこうしたメリットがあることは，住民も知っておくべきだね。

K：それでも，　d　だと思うんだ。

L：ツーリズムを軸にしたまちづくりには反対だということ？

K：ツーリズムによって豊かさがもたらされることもあるかもしれないけれど，僕は，一部の産業が打撃を受けたとしても，それだけで多くの人の生活が揺らいでしまうことがないような生活基盤づくりこそが，まちづくりの基本ではないかと思うんだ。

① a　観光業は地域経済の一部だから，観光の促進によって住民生活に多少の影響が出るのはやむを得ないと思うな

　　b　繁忙期に宿泊施設を利用した時の課税を強化すればよいと思うよ

　　c　地価や物価の上昇はやむを得ないとの認識を住民が共有する

　　d　観光業を最優先にしたまちづくりには慎重であるべき

② a　景観の維持やインフラ整備によって財政が圧迫されるから，観光資源の過度な開発には反対だな

　　b　都市の繁華街などの交通を規制すればよいと思うよ

　　c　観光によって生じる諸問題の解決を行政に対して求める

　　d　オーバーツーリズムはおもに訪問者側の問題

③ a　景観の維持やインフラ整備が進むから，多少の不便は仕方がないと思うな

　　b　観光客の訪問地や時期の分散を図るのがよいと思うよ

　　c　観光のもたらすプラス面についての認識を住民が共有する

　　d　観光のニーズがあってもなくても存続できるまちづくりが必要

④ a　観光業は地域経済の一部だから，観光を促進するために自治体は補助金を出すべきだと思うな

　　b　交通機関などの混雑状況を把握できる住民向けのアプリを開発すればよいと思うよ

　　c　住民が地域の伝統文化は観光資源だとの理解を深めるべきだ

　　d　地域住民の日常生活に影響しない範囲で観光が促進されるべき

東進 共通テスト実戦問題集

# 第**4**回

# 公　　民〔倫　理〕

$\left(\begin{array}{l}75\ \text{点} \\ 45\ \text{分}\end{array}\right)$

## 注　意　事　項

1　解答用紙に，正しく記入・マークされていない場合は，採点できないことがあります。特に，解答用紙の解答科目欄にマークされていない場合又は複数の科目にマークされている場合は，0点となります。

2　試験中に問題冊子の印刷不鮮明，ページの落丁・乱丁及び解答用紙の汚れ等に気付いた場合は，手を高く挙げて監督者に知らせなさい。

3　解答は，解答用紙の解答欄にマークしなさい。例えば，　10　と表示のある問いに対して③と解答する場合は，次の (例) のように**解答番号10の解答欄の③にマーク**しなさい。

(例)

| 解答番号 | 解　　答　　欄 |
|---|---|
| 10 | ① ② ❸ ④ ⑤ ⑥ ⑦ ⑧ ⑨ |

4　問題冊子の余白等は適宜利用してよいが，どのページも切り離してはいけません。

5　**不正行為について**

① 不正行為に対しては厳正に対処します。

② 不正行為に見えるような行為が見受けられた場合は，監督者がカードを用いて注意します。

③ 不正行為を行った場合は，その時点で受験を取りやめさせ退室させます。

6　試験終了後，問題冊子は持ち帰りなさい。

# 倫　　　理

（解答番号 $\boxed{1}$ ～ $\boxed{24}$ ）

**第1問**　次の**場面1**および後の**場面2・3**の文章を読み，後の問い（**問1**～**9**）に答えよ。（配点　28）

　**場面1**　生徒A，生徒Bおよび途中で一緒になった生徒Cが，学校からの帰り道で歩きながら次の会話をしている。

A：僕の兄が，大学で⒜江戸時代の感染症と人々の関わりについて勉強しているんだ。医学の面や江戸幕府の対応，庶民の意識などいろいろな角度から研究が進んでいるそうだよ。

B：私は，マンガで江戸時代の医者の物語を読んだことがあるけど，幕府も庶民も祈禱とかまじないを医学と同じくらいに信頼していた様子が描かれていて，洋学を学んだ医者はさぞもどかしかっただろうなと思ったよ。

A：今の僕らからするとちょっと信じられないよね。感染症は疫神が取り憑いて起こると多くの人が信じていたみたいだ。京都の祇園祭は疫神を祓う行事として⒝平安時代に始まったといわれているそうだよ。

C：けれど，⒞昔の日本人は感染症を自然の力だと理解していた点で，あながち間違いでもないんじゃない？　ウイルスだって自然と人間の間を行き来するものだよ。

問1　下線部ⓐに関連して，江戸時代の学問に関する次の説明文中の

　　　　 a 　～ 　 c 　に入る語句や記述を後のア～カから選び，その組

合せとして正しいものを，後の①～⑧のうちから一つ選べ。　　 1

> 　上下関係の秩序を重視する儒教の教えは，日本において封建制度
> を支える道徳として長い間機能してきました。特に，全国を統一し
> た江戸幕府は，藤原惺窩が学問として確立した朱子学を正学として
> 採用し，武士は　 a 　の精神を積極的に体得すべきものだとさ
> れました。これに対し，江戸時代の国学者である本居宣長は，
> 　 b 　，『古事記伝』を著しました。
> 　　 c 　が親や祖先，宇宙の生命の根源への愛敬を説いたよう
> に，儒教は単なる学問ではなく，祖先を信仰の対象とする宗教と見
> なす考え方もあります。

ア　武士も農民と同じように田畑を耕して自給自足に努める万人直耕

イ　私利私欲を慎み，理に従い主体的な心を保持する存心持敬

ウ　天皇崇拝を説き，神道と儒教を合わせた垂加神道を唱え

エ　儒教の理屈っぽさを「漢意（からごころ）」と呼んで批判し

オ　中江藤樹

カ　山鹿素行

① a－ア　　b－ウ　　c－オ

② a－ア　　b－ウ　　c－カ

③ a－ア　　b－エ　　c－オ

④ a－ア　　b－エ　　c－カ

⑤ a－イ　　b－ウ　　c－オ

⑥ a－イ　　b－ウ　　c－カ

⑦ a－イ　　b－エ　　c－オ

⑧ a－イ　　b－エ　　c－カ

問2　下線部ⓑに関連して，平安時代から鎌倉時代にかけて日本の仏教信仰に大きな影響を与えた同一僧についての記述を次の**ア〜カ**のうちから二つ選ぶ場合，その組合せとして最も適当なものを，後の**①〜④**のうちから一つ選べ。　2

**ア**　国難を予言した著書を幕府に献じたことが原因で流罪となった。

**イ**　中国から茶の風習を持ち込み，医薬として普及させた。

**ウ**　貧民の救済やインフラ整備などの社会事業を数多く行い，市聖と呼ばれた。

**エ**　死後の成仏ではなく，生きているこの身がそのまま仏となることを理想とした。

**オ**　坐禅に打ち込むことで我執から解き放たれ，無我と慈悲の境地に至ると説いた。

**カ**　旧仏教勢力からの弾圧を受けたが，著書において反論し，後に鎌倉幕府の庇護を得た。

**①**　アとオ　　**②**　イとカ　　**③**　ウとオ　　**④**　エとカ

**問 3** 下線部ⓒに関連して，自然との関わりの中ではぐくまれた日本古来の伝統的な倫理観についての記述として最も適当なものを，次の①〜④のうちから一つ選べ。 3

① 正直とは，偽りのない素直で清らかな心のことであり，のちに清き明き心として受け継がれていった。

② 清き明き心とは，禊や祓いによって罪や穢れが完全に取り除かれた，清らかな心の状態を表す。

③ いさぎよさとは，男性的でおおらかな人間のあり方を指し，江戸時代の国学者から高く評価された。

④ 罪や穢れとは，共同体の繁栄や平和を乱す行為であり，呪術や祭祀は罪や穢れがもたらす厄災を払う機能を持つ。

**場面2** 先の会話の翌日，生徒Bは，図書館に立ち寄り江戸時代の感染症と人々について調べ，次の**レポート**を作成した。

**レポート**

> 江戸時代の記録によると，疱瘡<sup>ほうそう</sup>（天然痘），麻疹，コレラ，インフルエンザなどが定期的に流行していたようだ。流行期には，(d)治療に効果があるとされる薬品や食品の価格が高騰し，禁忌とされた食品の生産者が打撃を受けるなど，社会全体に混乱が及んだ。幕府は庶民向けに薬を配布したが，幕府の中枢でも度々死者が出たことから，幕府がすすめる薬への期待は高くなく，民間の薬屋が盛況となった。
>
> こうした中，貝原益軒の『養生訓』がベストセラーとなるなど，感染症の予防や治療にとどまらず健康に対する庶民の関心は高く，人間に内在する自然治癒力という(e)中国の伝統的な思想を背景に，養生をめぐる様々な情報が行き交った。
>
> 麻疹の場合，流行の間隔が20～30年と長いため，対応を心得ない医者が多いことが問題だった。突然の流行に，慌てて(f)中国の書物を参照しようにも漢文が読めず，仕方なく和文の入門書を眺める程度で済ませる医者もいた。
>
> 医者や薬が必ずしも信頼できるわけではないという状況の中，人々は寺社での祈願に一定の信頼を置いており，この点では宗教家や祈禱師なども施療者だったといえる。疱瘡神を祀る神社が現れるなど，民間信仰も多数生み出された。

問4　下線部ⓓに関連して，8世紀に唐から来日した鑑真は，日本に仏教だけでなく，医学や薬学，彫刻の技術などを紹介した。鑑真が来日した時代の日本についての記述として**適当でないもの**を，次の①〜④のうちから一つ選べ。　4

① 授戒制度が整ったばかりの日本へ来て律宗を伝えた鑑真は，東大寺に戒壇院を設けた。

② 遣唐使によって日本にもたらされた南都六宗は，学問としての仏教として発展した。

③ 行基に代表される私度僧は，民衆への布教や社会事業などを展開した。

④ 『三経義疏』が，大乗仏教の経典の注釈書として著された。

問5　下線部ⓔに関連して，次の諸子百家に関する記述のうち，同じ思想家についての記述を**ア〜オ**のうちから二つ選ぶ場合，その組合せとして最も適当なものを，後の①〜④のうちから一つ選べ。　5

**ア**　血縁や身分を超えた人類愛を説いた。

**イ**　偏らない行動や物の見方を保つ中庸の徳を重視した。

**ウ**　平和のための兵法を研究し，大国による侵略戦争を否定した。

**エ**　人間は生まれつき他人を憎み，私利私欲に走るものだと考えた。

**オ**　国家は性悪説に立脚し，君主は信賞必罰の法によって統治を行うべきだとした。

① アとイ　　② アとウ　　③ イとエ　　④ ウとオ

問6 下線部⑥に関連して，次の**資料1**は，生徒Bが図書館で見つけた中国の古典の口語訳の抜粋である。**資料1**の主張を行った人物の別の主張として正しいものを，後の①〜④のうちから一つ選べ。　6

**資料1**

> 国は小さく住民は少ない（としよう）。軍隊に要する道具はあったとしても使わせないようにし，人民に生命をだいじにさせ，遠くへ移住することがないようにさせるならば，船や車はあったところで，それに乗るまでもなく，甲（よろい）や武器があったところで，それらを並べて見せる機会もない。もう一度，人びとが結んだ縄を（契約に）用いる（太古の）世と（同じく）し，かれらの（まずい）食物をうまいと思わせ，（そまつな）衣服を心地よく感じさせ，（せまい）すまいにおちつかせ，（素朴な）習慣（の生活）を楽しくすごすようにさせる。（そうなれば）隣の国はすぐ見えるところにあって，鶏や犬の鳴く声が聞こえるほどであっても，人民は老いて死ぬまで，（他国の人と）たがいに行き来することもないであろう。
>
> （「最新版 倫理資料集」清水書院より）

① 一見すると無用に見える節だらけの曲がった木は，何の役にも立たないように思われるが，だからこそ伐採されず生き残るのだ。

② 知っていることと行うこととは不可分であり，知るということは行為のはじめ，行為するということは知ることの完成である。

③ すべての生き物に命を与える水は，最終的に最も低いところへ流れつき，誰の目にも止まらないところで満足している。

④ お腹を空かせた子どもを見かけた時，いたたまれない心情になるのは人間にとって自然なことである。

**場面3**　数日後，生徒たちは，生徒Bのレポートを見ながら次の会話をして
いる。

C：Bのレポート，すごく面白いね。私も江戸時代の感染症事情に興味が
　　わいてきたよ。

B：そうでしょう？　今の時代では考えられないこともたくさんあるんだ
　　けど，逆に当時と今とであまり変わらないこともいっぱいあって，も
　　っと知りたいと思ったよ。

A：当時とあまり変わらないことって，どんなこと？

B：例えば，人間である以上，感染症から逃れることはできないよね。そ
　　れはつまり，(g)自然に従って生きることを迫られているんだけど，
　　自然の力の大きさの前にはなす術がないという諦めのような感情を，
　　江戸時代の庶民も持っていたみたいなんだよ。

C：確かに，予防もしたいし治療も受けたいけれど，感染症から逃げるこ
　　とはできないし，自分にもある種の諦めのような気持ちがあるかも。

B：(h)20世紀に入ると，感染症の原因が解明されたり，感染経路が明らか
　　になったりして客観的な情報量は増えたんだけど，情報量が増えただ
　　けで，状況は江戸時代とあまり変わっていない。当時の人々は，私た
　　ちが科学として捉えていることを，すでに皮膚感覚で捉えていたので
　　はないか，という分析もあったよ。

A：情報量は増えたけれど，圧倒的な自然の力に対しどうすることもでき
　　ない状況は同じということか。(i)科学は進歩してきたと信じていた
　　けれど，僕らに見えている真実はまだまだ自然界全体のごく一部なの
　　かもしれないね。

**問7** 下線部ⓖに関連して，次の**資料2**はストア派の思想を受け継いだロー
マの思想家についてまとめたものである。　ア　〜　ウ　に当て
はまる語句の組合せとして正しいものを，下の①〜④のうちから一つ
選べ。　7

**資料2**

> ギリシア哲学をローマに伝えた　ア　はストア派の哲学者で
> ある。　ア　より半世紀ほど遅れて活躍した後期ストア派の哲
> 学者　イ　は皇帝ネロの政治顧問となった。同じく後期ストア
> 派には，皇帝マルクス＝アウレリウスや，「　ウ　」と説いたエ
> ピクテトスなどがいる。

① ア　ゼノン　　イ　プロティノス　　ウ　隠れて生きよ
② ア　キケロ　　イ　プロティノス　　ウ　耐えよ，控えよ
③ ア　ゼノン　　イ　セネカ　　ウ　隠れて生きよ
④ ア　キケロ　　イ　セネカ　　ウ　耐えよ，控えよ

**問8** 下線部ⓗに関連して，次の**ア**〜**エ**の中で，20世紀の思想家によって主張されたものとして正しいものはどれか。当てはまるものをすべて選び，その組合せとして最も適当なものを，後の①〜④のうちから一つ選べ。

$\boxed{8}$

**ア** 自然と精神との二元的対立は，すべてを包括する絶対者によって統一される。

**イ** 理性は，目的を問わず合理化を優先する道具的理性となってしまったので，批判的理性を取り戻すべきだ。

**ウ** 世界史の中で自己を展開し，歴史の主体となる世界精神は，その時代の支配的な民族の精神に現れるものである。

**エ** 自由が人間に孤独をもたらしたことで，上位者に盲従し下位者に服従を求める社会的性格が形成された。

① ア ② アとウ ③ イとエ ④ イとウとエ

**問9** 下線部①に関連して，生徒Cは次のイギリス経験論の創始者ベーコンについての**資料3**を読み，**レポート**をまとめた。**レポート**中の a ～ c に入る語句や記述を次の**ア～カ**から選び，その組合せとして正しいものを，後の①～⑥のうちから一つ選べ。 9

**資料3**

> 真理を探究し発見するには二つの道があり，またありうる。一つは，感覚および個々的なものから最も普遍的な一般命題に飛躍し，それら原理とその不動の真理性から，中間的命題を判定し発見する，この道がいま行なわれている。他の一つの道は，感覚および個々的なものから一般命題を引き出し，絶えず漸次的に上昇して，最後に最も普遍的なものに到達する，この道は真の道ではあるが未だ試みられてはいない。
>
> （桂寿一訳，ベーコン『ノヴム・オルガヌム（新機関）』岩波文庫より）

**レポート**

> a という「経験論」の創始者ベーコンは，帰納法による研究方法を確立した。ベーコンは， b を取り除くことで物事を正しく認識し，実験・観察を秩序正しく重ねて一般的命題を引き出し，新しい個別的な事例を発見することが真の帰納法だとした。これは， c にたとえられる。

ア　感覚的経験にもとづいた知識を重視する

イ　知識の源泉を理性による思考に求める

ウ　生得観念

エ　四つのイドラ

オ　クモが自らの体内から糸を作り出し網を紡いでいく作業

カ　ミツバチが体内に取り込んだ花の蜜をハチミツに変化させる作業

① 　a － ア　　　b － ウ　　　c － オ

② 　a － ア　　　b － エ　　　c － オ

③ 　a － ア　　　b － エ　　　c － カ

④ 　a － イ　　　b － ウ　　　c － オ

⑤ 　a － イ　　　b － ウ　　　c － カ

⑥ 　a － イ　　　b － エ　　　c － カ

**第2問** 生徒D，生徒E，生徒Fは，先生と「倫理」の授業で環境問題について話し合っている。次の**会話文1**および後の**会話文2・3**を読み，後の問い（**問1～5**）に答えよ。（配点　15）

**会話文1**

D：最近，繁華街に現れる野生動物が問題になっていますよね。北アメリカでは，大都市の中心部に野生のコヨーテが現れたり，巨大なクマが住宅街をうろついたりと，住民生活の中に野生動物がすっかり入り込んでいるという話を聞きました。

E：ⓐ<u>そういう場合は，駆除することになるのでしょうか？</u>

先生：駆除しようにも，街までやってきてしまった野生動物に対しては，できることはほとんどないようですよ。野生動物はとても素早く，想像以上に力が強いですからね。

F：ⓑ<u>日本でも，毎年秋になると山からクマが下りてきて，近年では繁華街にまで出没しているニュースを見ます。</u>

E：自然環境に何か重大な変化が起きているのでしょうか。

問1　下線部ⓐに関して，応用倫理学者のピーター゠シンガーは，種差別に反対して動物解放論を唱えた。ピーター゠シンガーの立場として最も適当なものを，次の①～④のうちから一つ選べ。　　10

① 動物は人間よりも優れた生き物である。

② 動物も人間も苦痛を回避したいと考える生き物である。

③ 人間は古来よりあらゆる生き物をおさめる地位にある。

④ あらゆる生命には同等の価値がある。

問2 下線部ⓑに関して，生徒Fは次の**資料1**を参考にレポートを書いた。レポート中の ア ～ ウ に入る語句の組合せとして最も適当なものを，後の①～④のうちから一つ選べ。 11

**資料1** 明治時代以前の多摩郡由井領上椚田村（現東京都八王子市）

(出所) 国立公文書館デジタルアーカイブ『新編武蔵風土記稿』により作成。

**レポート**

環境倫理学の考え方は，地球全体主義，　ア　，　イ　の三つに集約されるといわれているが，近年のクマをめぐる問題は一般的な環境問題とは少し違うようだ。

**資料1**は，1884年発行の『新編武蔵風土記稿』に掲載されている現在の東京都八王子市のある地区の景観である。この風景画に描かれた山々では樹木が伐採され，山肌が露わになっている。日本では近世にかけて森林の利用が進み，明治時代には森林の荒廃が深刻化した。その後，全国で治山事業が始まるとともに人々のライフスタイルも変化し，森林が以前のようには利用されなくなった。こうしたことを背景に森林の面積が増え，野生動物の生息域が広がったと考えられている。**資料1**に見られる耕地のような空間も人間と野生動物の生活域を隔てていたと考えられるが，里山の人口が急速に減少する現在，こうした空間も消失しつつある。

このようにして，いわば自然が　ウ　された結果，現在のクマをめぐる問題がもたらされた可能性が指摘されていることから，この問題については一般的な環境問題とは違った角度から考える必要がある。例えば，森林の面積が増えて野生動物の生息域が広がっていることから，　イ　がないがしろにされたとは論じられない。

① ア 自然の生存権　　イ 世代間倫理　　ウ 再生
② ア 自然の生存権　　イ 世代間倫理　　ウ 破壊
③ ア 世代間倫理　　イ 自然の生存権　　ウ 再生
④ ア 世代間倫理　　イ 自然の生存権　　ウ 破壊

**会話文 2**

D ：北アメリカでは，市街地を走る高速道路わきの木の空洞の中で冬眠したクマがいたとか，テーマパークにクマが出没したなんてこともあるみたいです。

先生：確かに，北アメリカではクマの個体数が急増していることがわかっています。庭先にクマが現れるのが日常になった街では，住人もクマも互いに遭遇しても驚かなくなっていると聞いています。

E ：野生動物は©欲求に正直な生き物だと思うので，人間の出す残飯などのゴミを目当てに街に下りてきて住み着いているのだと想像できますが，実は森にいるよりも食料に困らないのでは？

F ：そのあたりは④科学的なアプローチが必要なのではないでしょうか。クマがなぜ街に住み着いているのか，本当に人間と共存できるのかなど，できる限り知っておきたいと思いませんか？　相手は人間よりずっと素早くて強いわけだから，いざとなっても街から追い出すことなんてできません。

**問3**　下線部ⓒに関して，以下の会話は，人間の欲求に関する次の**図**を見た
生徒DとEが交わしたものである。会話中の **ア** ・ **イ** に入
る語句の組合せとして最も適当なものを，後の **①** ～ **④** のうちから一つ
選べ。　 12

図

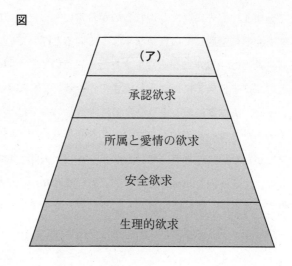

D：「自分はこうありたい」と思う気持ちは，図の **ア** にあたるよね。

E：そうだね。この**図**は **イ** の欲求階層説だよね。生理的欲求を始
め，四つの欠乏欲求が満たされて初めて，最も高い欲求である
 **ア** に至るという説だね。低次の欲求が満たされると次の階層
の欲求が生まれるんだよね。

① **ア** 自己実現の欲求　　**イ** クワイン
② **ア** 自己実現の欲求　　**イ** マズロー
③ **ア** 適応の欲求　　　　**イ** クワイン
④ **ア** 適応の欲求　　　　**イ** マズロー

**問4**　下線部④に関して，次の**ア〜ウ**は，西洋近代の思想家の主張であるが，それぞれ誰のことか。その組合せとして正しいものを，後の**①**〜**⑥**のうちから一つ選べ。　13

**ア**　科学的真理を成立させている理論的枠組みに注目すべきだ。もし，生命に関する新事実が発見されれば，従来の理論的枠組みから新しい理論的枠組みへの劇的な構造転換が起こるかもしれない。

**イ**　自然環境に適応できる性質を備えた生物が，自然の選択作用によって選択され，生き残る。その遺伝子が子孫に伝えられ，結果的にその自然環境に適応した種が生存することになる。

**ウ**　生命の進化は，目的論的自然観によっても，機械論的自然観によっても説明することができない。生命の進化の過程は予測不可能で，生命の飛躍によって多様な方向へと分散する運動だからだ。

**①**　**ア**　ベルクソン　　　**イ**　クーン　　　　**ウ**　ダーウィン
**②**　**ア**　ベルクソン　　　**イ**　ダーウィン　　**ウ**　クーン
**③**　**ア**　ダーウィン　　　**イ**　クーン　　　　**ウ**　ベルクソン
**④**　**ア**　ダーウィン　　　**イ**　ベルクソン　　**ウ**　クーン
**⑤**　**ア**　クーン　　　　　**イ**　ベルクソン　　**ウ**　ダーウィン
**⑥**　**ア**　クーン　　　　　**イ**　ダーウィン　　**ウ**　ベルクソン

**会話文３**

先生：シンガポールでは，自然保護区に隣接するマンションの高層階に野生のサルが侵入し，食べ物を奪う被害が多発していると聞きました。野生動物の中に，人間を怖がらない性質を持つものが増えているのではないかとさえ感じます。

D　：そうだとすると，何かⓔ取り返しのつかない変化が起きているのではないでしょうか。

E　：私には，人間よりも物理的に強い生き物と共存しなくてはならないなんて想像もつきません。これまでの環境問題がほとんど視野に入れてこなかった，全く新しい問題が発生しているのかもしれませんね。

**問５**　下線部ⓔに関連して，後の会話は，次の**資料２**を読んだ生徒Ｆと先生が交わしたものである。**資料２**と会話文中の［ア］・［イ］に入る語句と記述の組合せとして最も適当なものを，後の①～④のうちから一つ選べ。［14］

**資料２**

……然るに近頃に至りまして又々［ア］の声が各地方から起つて参つたのであります，(中略)内務当局は神社の真意義を解しないで，神社と謂ふものは単に鳥居だの，拝殿だの本殿だのと云ふやうな，建築物等を神社と心得て居るのかも知れないと思ふのであります，併ながら神社と謂ふものは決して寺院の如く建築せられたる物ではないのであります，神社の古制は神林であります，神の林が即ち神社であるのである，樹林は悉く神社ではありませぬけれども，神社と謂ふものは必ず樹林に在るのである。

（出所）「第二十八回衆議院重要問題名士演説集」により作成。

先生：これは，1912年3月12日に開かれた第二十八回帝国議会衆議院本
会議で，和歌山県選出の衆議院議員中村啓次郎が行った演説の一部
です。この時代，鎮守の森が失われるとして　　ア　　に反対する
運動が起こりました。

F ：この運動には，柳田国男も参加していたと聞きました。

先生：その通りです。　　イ　　柳田にとって，鎮守の森と地域との関係
は大変に興味深いものだったのでしょう。

① ア　廃仏毀釈
　イ　日本の神の原像を，海の彼方の常世の国からやって来て豊穣を
　　もたらす「まれびと」であると捉えた

② ア　廃仏毀釈
　イ　無名の「常民」の生活文化を研究対象とし，古い民間伝承や習
　　俗，信仰を求めて日本各地をめぐった

③ ア　神社合祀
　イ　日本の神の原像を，海の彼方の常世の国からやって来て豊穣を
　　もたらす「まれびと」であると捉えた

④ ア　神社合祀
　イ　無名の「常民」の生活文化を研究対象とし，古い民間伝承や習
　　俗，信仰を求めて日本各地をめぐった

**第3問** 生徒G，生徒H，生徒Iが交わした次の会話を読み，後の問い（**問1～5**）に答えよ。（配点 16）

G：この間「世界史」の授業で勉強した18世紀フランスのオランプ＝ド＝グージュの話は衝撃的だったな。

H：私も。だって，フランスの「人権宣言」といえば，フランス革命の精神を明文化したものでしょう。たくさんの犠牲の上にようやく(a)中世の社会体制や人間観から脱して自由や平等の保障にこぎつけたわけで，人類史に輝く金字塔のように思っていたんだけれど……。

I：ところが(b)女性の権利については何も書かれていなかったんだよね。私も全然知らなかったし，想像もつかなかったな。確か，オランプ＝ド＝グージュは「人権宣言」の二年後に『女性の権利宣言』を刊行して，男女は権利において同等であると訴えたんだよね。

H：彼女がフェミニズムの先駆者といわれるゆえんだね。

G：福沢諭吉が日本に啓蒙思想を紹介するのは，それから百年くらい後のことだけど，(c)近代化の途上にあった当時の日本では，大正デモクラシーの高まりの中で平塚らいてうが女性解放運動をリードしていたよね。「日本のオランプ＝ド＝グージュ」っていう感じかな。

I：そうかもしれないけれど，オランプ＝ド＝グージュは40代で処刑されてしまい，らいてうは80代まで生きたよ。日本とフランスの近代化を単純に比較することは難しいかもしれないね。

H：日本の場合には，上からの近代化と呼ばれるくらいだから，(d)当時のエリート層がとにかく様々な思想を持ち込んだんじゃないのかな。民主主義やキリスト教，社会主義までありとあらゆる新しいものが洪水のように押し寄せてきたという印象があるよ。

問1　下線部ⓐに関して，中世の社会体制や人間観を批判した思想家についての説明として最も適当なものを，次の①〜④のうちから一つ選べ。

15

①　マキャヴェリは，私有財産制度のない社会を理想とし，当時のイギリスの社会制度を批判した。国王の離婚問題によってイギリス国教会がローマ゠カトリックから独立したことについて国王と対立し，刑死した。

②　ピコ゠デラ゠ミランドラは，あらゆる思想や宗教は同じ真理で貫かれていると主張した。また，人間は神から自由な選択の能力を授かったとし，自由意志によって自身を形成するところに人間の尊厳があるとした。

③　エラスムスは，聖書研究と人文主義的教養のもと，キリスト教の本来の精神を探究した。当時の教会体制，司祭階級，神学者たちを風刺を用いて鋭く批判するとともに，ルターの宗教改革を積極的に擁護した。

④　トマス゠モアは，宗教や道徳から政治を切り離して考え，現実に立脚した政治論を展開した。君主には必要ならば悪さえも選び取ることが求められるとし，道徳を離れてでも権力の獲得，維持に努めるべきだとした。

問2　下線部ⓑに関して，次の図は，ある県の県議会と市町村議会の議長に対して，女性議員が少ない背景と女性議員を増やすために必要と思う施策について，複数回答を認める形で尋ねた調査の結果を表したものである。この図を見て交わされた次の会話を読み，│　ア　│・│　イ　│に入る語句や記述の組合せとして最も適当なものを，後の①～④のうちから一つ選べ。│　16　│

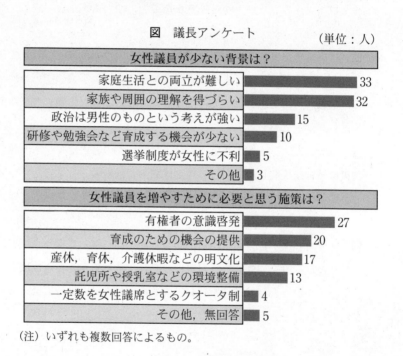

図　議長アンケート　　　　　　　　　　（単位：人）

| 女性議員が少ない背景は？ | |
| --- | --- |
| 家庭生活との両立が難しい | 33 |
| 家族や周囲の理解を得づらい | 32 |
| 政治は男性のものという考えが強い | 15 |
| 研修や勉強会など育成する機会が少ない | 10 |
| 選挙制度が女性に不利 | 5 |
| その他 | 3 |
| **女性議員を増やすために必要と思う施策は？** | |
| 有権者の意識啓発 | 27 |
| 育成のための機会の提供 | 20 |
| 産休，育休，介護休暇などの明文化 | 17 |
| 託児所や授乳室などの環境整備 | 13 |
| 一定数を女性議席とするクオータ制 | 4 |
| その他，無回答 | 5 |

（注）いずれも複数回答によるもの。

G：女性も男性も生まれた時は一人の人間ということで変わりはないし，議員になるのに体格や腕力が必要なわけでもないのに，どうして女性議員が少ない状況が続いているのかな。人類の半分は女性なのに。

H：│　ア　│の有名な言葉に，「人は女に生まれない。女になるのだ」というものがあるよ。議員になるにあたってハードルとなる，議員活動と家庭生活との両立の難しさや周囲の理解不足といった問題は，社会

と文化によって作られたものだといえるね。でもだからこそ，人間の手で解決できる問題だとも考えられる。

I ：「議長アンケート」を見ていて，私は　　イ　　と思った。

H ：意思決定の場への女性の参加がこれまでいかに少なかったかということだね。

G ：僕はIさんとは逆に，一定の人数が産休，育休，介護休暇などの明文化が必要だと考えている点で，制度そのものの変更によって家庭生活との両立が可能になるかもしれないと思ったよ。

① ア　シモーヌ＝ヴェイユ
イ　クオータ制が必要な施策だとする声が少ないながらあって，政治は男性のものとの考え方に変化が起こりつつあるのかな

② ア　ボーヴォワール
イ　家庭生活との両立が難しいことが第1位にあがっているのに，必要と思う施策の上位二つが問題の根本解決に結びついていない

③ ア　ボーヴォワール
イ　クオータ制が必要な施策だとする声が少ないながらあって，政治は男性のものとの考え方に変化が起こりつつあるのかな

④ ア　シモーヌ＝ヴェイユ
イ　家庭生活との両立が難しいことが第1位にあがっているのに，必要と思う施策の上位二つが問題の根本解決に結びついていない

**問3** 下線部ⓒに関して，次の**ア～ウ**は，日本の近代化の中で人間の生き方を探究した人物の思想についての説明であるが，それぞれ誰のことか。その組合せとして正しいものを，後の**①～⑥**のうちから一つ選べ。

| 17 |

**ア** 自分の思考がある一つのものに固執してしまうと，それは偏見となる。したがって，自己の思想を否定するものや，自己と矛盾するものが現れた時こそ，さらに高いレベルに自己を押し上げる機会となる。

**イ** 自我に目覚めても，自己の内面と自身の置かれた立場や社会が相容れないという苦しみがある。ゆえに，むやみに自我を主張するのではなく，現実生活で生きる自己を受け入れ，その中での自己を見つめるべきである。

**ウ** 自我の内面的欲求に従って生きるだけでなく，互いの自己本位を認める生き方を求めることが大切である。さらには，小さな自我にこだわらず，自然の道理に従って生きることも必要である。

① ア 森鷗外　　イ 三木清　　ウ 夏目漱石
② ア 森鷗外　　イ 夏目漱石　　ウ 三木清
③ ア 三木清　　イ 夏目漱石　　ウ 森鷗外
④ ア 三木清　　イ 森鷗外　　ウ 夏目漱石
⑤ ア 夏目漱石　　イ 三木清　　ウ 森鷗外
⑥ ア 夏目漱石　　イ 森鷗外　　ウ 三木清

**問4** 下線部⑪に関して，生徒Ⅰがこの時代の資料を探したところ，ある書籍を見つけた。次の**文章**は，この書籍の一部である。この**文章**を読み，この書籍の著者の別の著作の一節として正しいものを，後の①〜④のうちから一つ選べ。　18

---

　こころみに思え。もし世界の土地と資本とを，多数人類が自由に生産の用に供することができた，と仮定せよ。彼らが，多額の金利を取られ，法外の地代をかすめられ，もしくは低廉（ていれん）の賃金をもって雇用される必要がなくて，その労働の結果である財富は，ただちに彼らの所有として，自由に消費することができた，と仮定せよ。分配が公平をうしなって，貧富の懸隔（けんかく）する状態が，どうして今日のようにひどくなっているだろうか。しかも現在，彼らは，ただ労働の力をもっているにすぎない。土地と資本とは，ともに，まったく少数階級の専用に帰して，その生産の大部分を彼らにおさめるのでなければ，けっして使用することがゆるされないのである。

（「最新版　倫理資料集」清水書院より）

---

① 「デモクラシーなる言葉は，いわゆる民本主義という言義のほかにさらに他の意味に用いらるることがある。」

② 「純粋経験においては未だ知情意の分離なく，唯一（ゆいいつ）の活動であるように，また未だ主観客観の対立もない。」

③ 「「血を流さずして勝つをもって最上の勝利とす」。その他にも同趣旨の諺（ことわざ）があるが，これらはいずれも武士道の窮極（きゅうきょく）の理想は結局平和であったことを示している。」

④ 「われわれは，絶対に戦争を否認する。これを道徳の立場から見れば，おそろしい罪悪である。これを政治の立場から見れば，おそろしい害毒である。」

**問5** 次の会話は，132ページの生徒たちの会話の続きである。会話の内容を踏まえて，後の**資料**中の｜　ア　｜・｜　イ　｜に入る記述の組合せとして最も適当なものを，後の ①～④ のうちから一つ選べ。｜ 19 ｜

G：平塚らいてうは，良妻賢母の意識が女性に押しつけられていることに対して異議を唱えたんだよね。でも，人間はなぜ女性にだけ家庭的な役割を強いるのだろう。何か理由があるのかな。

H：ギリガンの「ケアの倫理」にヒントがあるかもよ。ある男性の奥さんが重い病にかかってしまい，医者には特効薬を飲まなければ死んでしまうといわれた。そこで，この特効薬を売っている薬屋に行ってみると，その薬は男性にはとても支払えないほど高額だった。G君がこの男性だったらどうする？

G：たとえ刑務所に入ることになったとしても，何とかして盗み出して薬を手に入れると思うな。命はお金より大事だ。Iさんはどうする？

I：私だったら，その薬屋に頼み込んだり，友だちに協力してもらったり，何か別の方法を考えると思うな。その薬屋も，事情がわかれば策を考えてくれるかもしれないし。

H：ギリガンは，こういう道徳上の問題について，男性は権利や規則の視点から考える傾向があるのに対し，女性は人間関係上の責任の問題として捉える傾向にあると考えたんだよ。

I：つまり，男性はこういう問題を解決しようとする時，規則を破り権利を侵害してまで盗みを実行するべきか，という基準で考えるけど，女性はこの問題の鍵を握る薬屋には，困っているこの夫婦に対して応答する責任がある，と考えるってこと？

H：そう。女性が担ってきた育児や介護の背景には，弱者への応答責任である「ケアの倫理」があると考えられていて，これが女性に家事労働を強いることを正当化してきたという見方があるみたいだよ。

**資料**

ジェイク〔11歳男〕にとって責任とは，他人のことを考慮して自分のしたいことをしないということを意味しています。それにたいして，エイミー〔11歳女〕にとっての責任とは，自分自身のしたいこととは無関係に，他人が彼女にしてもらいたいと願っていることをすることを意味しています。どちらの子どもも，傷つくことを避けることに関心があるのですが，その問題〔道徳的にジレンマが生じる問題〕を異なった方法で解釈しているのです。ジェイクは ［ ア ］ と考えていますし，エイミーは，［ イ ］ と考えているのです。

（岩男寿美子監訳，キャロル＝ギリガン『もうひとつの声』川島書店）

① ア コミュニケーションの喪失によって人は傷つくものだ

 イ 自分の考える公正が実現できない時に人は傷つくのだ

② ア 攻撃性の表出によって人は傷つくものだ

イ 自分の要求が応えてもらえない時に人は傷つくのだ

③ ア 他人に対して寛容になれなかった場合に人は傷つくものだ

イ 自分の権利が守られなかった場合に人は傷つくのだ

④ ア 他人に優しく接してもらえなかった時に人は傷つくものだ

イ 自分が規則に反してしまうことで人は傷つくのだ

# 第4問

「倫理」の授業で，「紛争とこんにちの世界」をテーマに生徒J，生徒K，生徒Lが話し合っている。次の**会話文**を読み，後の問い（**問1〜5**）に答えよ。（配点　16）

**会話文**

J：パレスチナのガザ地区では，イスラエルによる容赦ない攻撃が行われていて，世界中の人々が民間人に対する無差別攻撃をリアルタイムで目撃しているのに，これをすぐに止められないのはなぜなんだろう。

K：私はパレスチナ問題のことをあまりよく知らなくて，今までずっと，パレスチナで起きていることは(a)宗教の問題だと思っていた。でも，実際には土地をめぐる問題だよね？

L：そうだね。第一次世界大戦中に，イギリスがユダヤ人とアラブ人それぞれにパレスチナの地に建国することをすすめたが，実際にはフランスやロシアとパレスチナを含むオスマン帝国の土地を山分けしようとしていた，というのがこの問題のそもそもの背景だよ。

J：帝国主義の負の遺産といえるね。(b)仏教徒とヒンドゥー教徒が争うことになったスリランカ内戦も列強の分断統治が原因だし，住民どうしの無差別虐殺に発展したルワンダ内戦だって同じような構図だよ。紛争の多くは，植民地支配の中で意図的に作られた分断によって引き起こされているんじゃない？

K：だとすると，旧宗主国にはこれらの問題に主体的に関わる責任があると思うんだけど。

J：旧宗主国の政府は，(c)自分たちにとって好ましい結果をもたらすかどうかだけを対外政策の基準としてきたんだろうね。植民地の人々は搾取の対象でしかなかったんだ。

K：それは今でも変わらないよ。だって，欧米諸国は人権や平等を掲げて(d)理想的な国家を装っているけれど，国連で行われたガザ地区の停戦決議に，アメリカやイギリスなどは反対票を投じているよ。

**問1** 下線部ⓐについて，後の会話は，次の**資料1・2**を見ながら生徒Kと
Lが交わしたものである。会話文中の　**ア**　・　**イ**　に入る語句
や記述の組合せとして最も適当なものを，後の**①**〜**⑥**のうちから一つ
選べ。　20

---

**資料1**

　初めに，神は天地を創造された。地は混沌であって，闇が深淵の
面 にあり，神の霊が水の面を動いていた。神は言われた。
「光あれ。」


**資料2**

　安息日を心に留め，これを聖別せよ。六日の間働いて，何であれ
あなたの仕事をし，七日目は，あなたの神，主の安息日であるから，
いかなる仕事もしてはならない。……

　あなたの父母を敬え。……

　殺してはならない。
　姦淫してはならない。

　盗んではならない。

　隣人に関して偽証してはならない。

　隣人の家を欲してはならない。……

（「最新版　倫理資料集」清水書院より）

---

K：どちらの資料も，『　**ア**　』からの抜粋だよね。

L：そうだね。特に，**資料2**は，イスラエル人を率いてエジプトを脱出し
　　たモーセが，シナイ山で神から授かった十戒についての記述で，宗教
　　的義務と道徳的義務が合わせて十項目示されているよ。これはのちに
　　**イ**　となったんだ。

① ア　新約聖書

　　イ　イエス＝キリストに選ばれた神の民として遵守すべき律法の中
　　　心

② ア　新約聖書

　　イ　唯一神ヤハウェが人類に対して救済を約束した契約の証

③ ア　新約聖書

　　イ　唯一神ヤハウェに選ばれた神の民として遵守すべき律法の中心

④ ア　旧約聖書

　　イ　イエス＝キリストに選ばれた神の民として遵守すべき律法の中
　　　心

⑤ ア　旧約聖書

　　イ　唯一神ヤハウェが人類に対して救済を約束した契約の証

⑥ ア　旧約聖書

　　イ　唯一神ヤハウェに選ばれた神の民として遵守すべき律法の中心

**問2** 下線部ⓑに関して，ブッダの思想を踏まえて，次の**資料3**から読み取れる内容として最も適当なものを，後の **①** ～ **④** のうちから一つ選べ。 21

**資料3**

> 第一にさまざまの対象に向かって愛欲快楽を追い求めるということ，これは低劣で，卑しく，世俗の者のしわざであり，とうとい道を求める者のすることではなく，真の目的にかなわない。また，第二には自ら肉体的な疲労消耗を追い求めるということ，これは苦しく，とうとい道を求める者のすることではなく，真の目的にかなわない。比丘たち，如来はそれら両極端を避けた中道をはっきりとさとった。
>
> （『世界の名著Ⅰ バラモン教典 原始仏典』より）

**①** **資料3**によると，ブッダは，快楽の追求と苦行のどちらも無意味だと悟り，中道にたどり着いた。中道とは，涅槃に至る八つの修行方法のことである。

**②** **資料3**によると，ブッダは，快楽の追求と苦行のどちらも無意味だと悟り，中道にたどり着いた。中道とは，快楽や苦行などの両極端を避け，偏りない生活を送ることである。

**③** **資料3**によると，ブッダは，快楽の追求と苦行を通じ真の目的を達成することで中道に至るとした。中道とは，快楽や苦行などの両極端を避け，偏りない生活を送ることである。

**④** **資料3**によると，ブッダは，快楽の追求と苦行を通じ真の目的を達成することで中道に至るとした。中道とは，涅槃に至る八つの修行方法のことである。

**問3** 下線部©に関して，J.S. ミルの提唱する功利主義についての説明として最も適当なものを，次の ① 〜 ④ のうちから一つ選べ。 22

① 快楽や苦痛の量を計算し，社会全体における快楽の量が最大となるような社会を理想的だと主張した。

② 個人の快楽追求が社会全体に不利益をもたらすような場合は，政府が刑罰などの制裁（サンクション）を与えるべきだと主張した。

③ 功利主義は，利己的な感情だけでなく，利他的な感情をも満たし人々の普遍的な幸福を追求するものだと主張した。

④ ある個人の行動について，たとえ他者に直接損害を与えなくても，周囲から見て愚かなものであるなら，社会全体の幸福度は下がってしまうため，やめさせるべきであると主張した。

**問4** 下線部ⓓに関して，次の会話は，理想の国家について興味を持った生徒 J が問いかけた質問と，それに対する生徒 L の答えである。会話中の ア ・ イ に入る記述の組合せとして最も適当なものを，後の ① 〜 ⑥ のうちから一つ選べ。 23

J：国家の秩序を保つには，道徳規律を定めた法が必要だと思うけれど，一方で，法を定めたり運用したりする立場となる支配者にも，適切な立ち振る舞いが求められるよね？

L：そうだね。例えばプラトンの思想では，徳を知恵の徳・勇気の徳・節制の徳の三つに分類し， ア こそが統治者にふさわしいと考えたよ。このような「為政者こそが徳を体得すべきだ」という思想は，様々な地域で見られるね。孔子の説いた徳治主義では， イ 存在となることで秩序を保つことが理想とされたよ。


① ア 三つの徳をすべて体得した戦士

　 イ 人々を従わせる

② ア 三つの徳をすべて体得した戦士

　 イ 人々から目標とされる

③ ア 善のイデアを認識し，知恵の徳を体得した哲学者

　 イ 人々を従わせる

④ ア 善のイデアを認識し，知恵の徳を体得した哲学者

　 イ 人々から目標とされる

⑤ ア それぞれの徳のバランスをとり，中庸を保つことができる生産者

　 イ 人々を従わせる

⑥ ア それぞれの徳のバランスをとり，中庸を保つことができる生産者

　 イ 人々から目標とされる

**問5** 次の会話は，140 ページの生徒たちの会話の続きである。会話の文脈を踏まえて，会話中の ア ～ ウ に入る記述の組合せとして最も適当なものを，後の ① ～ ④ のうちから一つ選べ。 24

J：イスラエルの建国以来，両者の間には何度も暴力の応酬があったけれど，今回はガザ地区の市民が被害の様子を SNS などに投稿していて，状況が世界中に可視化されている点で，これまでの衝突とは世界の人々の反応が違うよね。

K：2022 年にロシアがウクライナに侵攻した時，欧米諸国はロシアを強く非難して即時停戦を求めたけど，今回はイスラエルの無差別攻撃を正当化する姿勢で一貫している。世界はこうした矛盾も目撃しているわけで，これまで普遍的だと思われてきた人道に対する価値観が根底から崩れたと感じる人も多いのではないかな。

J：とすると，やはり ア の考え方は正しかったといえるのかな。

K：それはどういうこと？

J：戦禍において人道が最優先されるべきことは，法や規則以前の絶対的で普遍的な価値だと思っていたし，欧米諸国や国連はその価値を体現する主体だと思っていたのに，実際にはおびただしい犠牲に対する善・悪や正・不正の判断が絶対的なものではなかったということじゃないかな。

L：僕も，今回の衝突をめぐる国際社会の反応を見ていて，まるで世界が音を立てて動き出したような感覚があるよ。 イ と思うんだ。

J：確かに，人種や宗教，立場を超えた人々が，ヨーロッパ，南北アメリカ，東南アジアなど世界各地で即時停戦を求めて数十万人規模の抗議行動を行っている。たくさんのユダヤ人も参加しているよ。人々の同質性が国家としてのまとまりの条件ではなくなったのだと感じるな。

K：私もその通りだと思う。だから， ウ が必要なんだと思うな。

① ア　プロタゴラス

　　イ　政治的な単位と文化的な単位の一致を目指すナショナリズム
　　　　は，グローバリゼーションによって不可能になりつつある

　　ウ　多様な価値観が共存できる政治的なまとまり

② ア　ソクラテス

　　イ　それぞれの民族や文化の持つアイデンティティを守り，共存さ
　　　　せていこうとする文化相対主義が受け入れられつつある

　　ウ　生産から消費までを共有する共同体

③ ア　プロタゴラス

　　イ　文化は固有の歴史によってはぐくまれてきたものであって，こ
　　　　れに優劣はつけられないとする多文化主義が否定されつつある

　　ウ　あらゆる人種や宗教を包摂する緩やかな共同体

④ ア　ソクラテス

　　イ　人々は物事を見てから定義するのではなく，ステレオタイプに
　　　　よって定義されたものを見ている

　　ウ　宗教と政治とが一体となった共同体

# MEMO

# 東進 共通テスト実戦問題集 倫理 解答用紙

## 注意事項

1 訂正は，消しゴムできれいに消し，消しくずを残してはいけません。
2 所定欄以外にはマークしたり，記入したりしてはいけません。
3 汚したり，折り曲げたりしてはいけません。

### マーク例

| 良い例 | 悪い例 |
|---|---|
| ● | ◑ ○ ⊗ |

受験番号を記入し，その下のマーク欄にマークしなさい。

| 解答番号 | 1 | 2 | 3 | 4 | 5 | 6 | 7 | 8 | 9 | 0 | a | b |
|---|---|---|---|---|---|---|---|---|---|---|---|---|
| 1 | ① | ② | ③ | ④ | ⑤ | ⑥ | ⑦ | ⑧ | ⑨ | ⓪ | ⓐ | ⓑ |
| 2 | ① | ② | ③ | ④ | ⑤ | ⑥ | ⑦ | ⑧ | ⑨ | ⓪ | ⓐ | ⓑ |
| 3 | ① | ② | ③ | ④ | ⑤ | ⑥ | ⑦ | ⑧ | ⑨ | ⓪ | ⓐ | ⓑ |
| 4 | ① | ② | ③ | ④ | ⑤ | ⑥ | ⑦ | ⑧ | ⑨ | ⓪ | ⓐ | ⓑ |
| 5 | ① | ② | ③ | ④ | ⑤ | ⑥ | ⑦ | ⑧ | ⑨ | ⓪ | ⓐ | ⓑ |
| 6 | ① | ② | ③ | ④ | ⑤ | ⑥ | ⑦ | ⑧ | ⑨ | ⓪ | ⓐ | ⓑ |
| 7 | ① | ② | ③ | ④ | ⑤ | ⑥ | ⑦ | ⑧ | ⑨ | ⓪ | ⓐ | ⓑ |
| 8 | ① | ② | ③ | ④ | ⑤ | ⑥ | ⑦ | ⑧ | ⑨ | ⓪ | ⓐ | ⓑ |
| 9 | ① | ② | ③ | ④ | ⑤ | ⑥ | ⑦ | ⑧ | ⑨ | ⓪ | ⓐ | ⓑ |
| 10 | ① | ② | ③ | ④ | ⑤ | ⑥ | ⑦ | ⑧ | ⑨ | ⓪ | ⓐ | ⓑ |

| 解答番号 | 1 | 2 | 3 | 4 | 5 | 6 | 7 | 8 | 9 | 0 | a | b |
|---|---|---|---|---|---|---|---|---|---|---|---|---|
| 11 | ① | ② | ③ | ④ | ⑤ | ⑥ | ⑦ | ⑧ | ⑨ | ⓪ | ⓐ | ⓑ |
| 12 | ① | ② | ③ | ④ | ⑤ | ⑥ | ⑦ | ⑧ | ⑨ | ⓪ | ⓐ | ⓑ |
| 13 | ① | ② | ③ | ④ | ⑤ | ⑥ | ⑦ | ⑧ | ⑨ | ⓪ | ⓐ | ⓑ |
| 14 | ① | ② | ③ | ④ | ⑤ | ⑥ | ⑦ | ⑧ | ⑨ | ⓪ | ⓐ | ⓑ |
| 15 | ① | ② | ③ | ④ | ⑤ | ⑥ | ⑦ | ⑧ | ⑨ | ⓪ | ⓐ | ⓑ |
| 16 | ① | ② | ③ | ④ | ⑤ | ⑥ | ⑦ | ⑧ | ⑨ | ⓪ | ⓐ | ⓑ |
| 17 | ① | ② | ③ | ④ | ⑤ | ⑥ | ⑦ | ⑧ | ⑨ | ⓪ | ⓐ | ⓑ |
| 18 | ① | ② | ③ | ④ | ⑤ | ⑥ | ⑦ | ⑧ | ⑨ | ⓪ | ⓐ | ⓑ |
| 19 | ① | ② | ③ | ④ | ⑤ | ⑥ | ⑦ | ⑧ | ⑨ | ⓪ | ⓐ | ⓑ |
| 20 | ① | ② | ③ | ④ | ⑤ | ⑥ | ⑦ | ⑧ | ⑨ | ⓪ | ⓐ | ⓑ |

| 解答番号 | 1 | 2 | 3 | 4 | 5 | 6 | 7 | 8 | 9 | 0 | a | b |
|---|---|---|---|---|---|---|---|---|---|---|---|---|
| 21 | ① | ② | ③ | ④ | ⑤ | ⑥ | ⑦ | ⑧ | ⑨ | ⓪ | ⓐ | ⓑ |
| 22 | ① | ② | ③ | ④ | ⑤ | ⑥ | ⑦ | ⑧ | ⑨ | ⓪ | ⓐ | ⓑ |
| 23 | ① | ② | ③ | ④ | ⑤ | ⑥ | ⑦ | ⑧ | ⑨ | ⓪ | ⓐ | ⓑ |
| 24 | ① | ② | ③ | ④ | ⑤ | ⑥ | ⑦ | ⑧ | ⑨ | ⓪ | ⓐ | ⓑ |
| 25 | ① | ② | ③ | ④ | ⑤ | ⑥ | ⑦ | ⑧ | ⑨ | ⓪ | ⓐ | ⓑ |
| 26 | ① | ② | ③ | ④ | ⑤ | ⑥ | ⑦ | ⑧ | ⑨ | ⓪ | ⓐ | ⓑ |
| 27 | ① | ② | ③ | ④ | ⑤ | ⑥ | ⑦ | ⑧ | ⑨ | ⓪ | ⓐ | ⓑ |
| 28 | ① | ② | ③ | ④ | ⑤ | ⑥ | ⑦ | ⑧ | ⑨ | ⓪ | ⓐ | ⓑ |
| 29 | ① | ② | ③ | ④ | ⑤ | ⑥ | ⑦ | ⑧ | ⑨ | ⓪ | ⓐ | ⓑ |
| 30 | ① | ② | ③ | ④ | ⑤ | ⑥ | ⑦ | ⑧ | ⑨ | ⓪ | ⓐ | ⓑ |

### 受験番号欄

| 千位 | 百位 | 十位 | 一位 | 英字 |
|---|---|---|---|---|
| － | ⓪ | ⓪ | ⓪ | Ⓐ |
| ① | ① | ① | ① | Ⓑ |
| ② | ② | ② | ② | Ⓒ |
| ③ | ③ | ③ | ③ | Ⓗ |
| ④ | ④ | ④ | ④ | Ⓚ |
| ⑤ | ⑤ | ⑤ | ⑤ | Ⓜ |
| ⑥ | ⑥ | ⑥ | ⑥ | Ⓡ |
| ⑦ | ⑦ | ⑦ | ⑦ | Ⓤ |
| ⑧ | ⑧ | ⑧ | ⑧ | Ⓧ |
| ⑨ | ⑨ | ⑨ | ⑨ | Ⓨ |
|  |  |  | － | Ⓩ |

氏名・フリガナ，試験場コードを記入しなさい。

| フリガナ | |
|---|---|
| 氏名 | |

| 試験場コード | 十万位 | 万位 | 千位 | 百位 | 十位 | 一位 |
|---|---|---|---|---|---|---|

※複数回使用する場合は複写してご利用ください。

東進ハイスクール・東進衛星予備校 講師

# 東進
# 共通テスト実戦問題集
# 倫理

## 解答解説編
Answer / Explanation

ETHICS

東進ハイスクール・東進衛星予備校 講師

## 清水 雅博
SHIMIZU Masahiro

# はじめに

## ◆出題傾向から「オリジナル予想問題」を掲載！

　本書は，大学入学共通テスト（以下，共通テスト）と同じ形式・レベルを想定したオリジナル問題を4回分収録した共通テスト「倫理」分野の対策問題集である。

　2025年度（令和7年度）「共通テスト」試作問題（2022年発表）の方向性を踏まえつつ，その出題傾向・形式に合わせて作問した。

　さらに，その科目特性から**これからの出題予想**という観点を織り交ぜている。「新たな出題傾向や時事的なテーマには対応できないのでは……」という不安は無用である。本書では，共通テストで問われるであろう**「基礎」**から**「注目のテーマ」**までを効率的に学習することができる。

## ◆「公民」の科目特性に注意しよう！

　「公民」は，これまで「現代社会」「倫理」「政治・経済」に区分されていたが，2025年度の共通テストより**「公共，倫理」「公共，政治・経済」**，「地理歴史」との複合科目である**「地理総合，歴史総合，公共」**に再編され，試験が実施される。その中で，「公共，倫理」については，試作問題では「公共」が**25点**，「倫理」が**75点**で配点されている。「倫理」の解答にかけられる時間は試験時間60分のうち45分程度である。

　「公共，倫理」では，「公共」と「倫理」の2科目を学ぶ必要がある。実際に高校の授業でこの2科目を十分に学習できない場合も少なくないだろう。ゆえに，できるだけ早くから教科書の内容をしっかりマスターし，本書や模試で**実戦的なトレーニング**を積むことが求められる。

　用語集などをそばに置き，必要に応じて語句の理解に努め，用語の意味をおさえていこう。

## ◆暗記よりも内容理解に努めよう！

　「公民」科目は相互に関連している点もあるが，「倫理」では，**歴史的な背景を問う**出題も見られるなどの特徴がある。細かな用語や人名だけを覚えるのではな

く，その思想や制度・仕組みがなぜ確立してきたのか，どのような問題を取り扱っているのか，という**大きな流れと因果関係を理解すること**が，何よりも大切になる。

　よって，「倫理」では，ただ知識をつめ込むというよりは，1つひとつの内容の本質や意味を理解することが大切となる。社会科は単に暗記科目だと思っているとしたら，その考えを改めてほしい。「**なぜそうなるのか？**」という問題意識を持って学習を進める必要がある。

　例えば，漫然と用語や事項だけを「知っている」気分になり，その背景や思想・理論・歴史を知らないために選択肢で「知っている」単語に惑わされて正解にたどり着けない，ということはあってはならない。「知っている」つもりになっている用語や事項の理解を深めるには，**何度も教科書やテキストを読み**，用語の意味がわからなければ用語集やインターネットを参照し，巻末の索引にある用語を確認したらその内容をイメージできるくらいになるまで読み込んでほしい。

　また，共通テストでは**限られた時間内で正確に解答する力**が求められる。出題形式に慣れることは合格点を得るための必須条件である。東進「**共通テスト本番レベル模試**」（「全国統一高校生テスト」を含む年6回実施）は，共通テストと同一レベル・同一形式の問題を繰り返し出題している。ぜひ受験してほしい。受験後は，映像による**解説授業**も必ず受講し，解答に至るアプローチを体得して「**理解の整理**」を行うことが大切である。共通テストでは，**論理的思考力，統計資料の読み取り能力**を求める問題が高得点の鍵となる。本書や模試で実戦演習を重ねて，高得点につながる学力をのばしてほしい。実戦対応型の学習が，受験生の皆さんの合格につながることを心から願っている。

2024 年 6 月　　清水 雅博

この画像をスマートフォン等で読み取ると，ワンポイント解説動画が視聴できます（以下同）。

概観講義

# 本書の特長

## ❶ 実戦力が身につく問題集

　本書の制作にあたっては，「はじめに」で述べた通り，共通テストの出題傾向・形式を踏まえた分析から出題予想を行い，共通テストと同じ形式・レベルを想定したオリジナル問題を4回分用意した。

　共通テストで高得点を得るためには，基礎知識はもとより，論理的思考力，統計資料の読み取り能力など総合的な力が必要となる。そのような力を養うためには，何度も問題演習を繰り返し，出題形式に慣れ，出題の意図をつかんでいかなければならない。本書に掲載されている問題は，そのトレーニングに最適なものが厳選されている。本書を利用し，何度も問題演習に取り組むことで，実戦力を身につけていこう。

## ❷ 東進実力講師によるワンポイント解説動画

　「はじめに」と各回の解答解説冒頭（扉）に，ワンポイント解説動画のQRコードを掲載。スマートフォンなどで読み取れば，解説動画が視聴できる仕組みになっている。解説動画を見て，問題の全体概観や各大問の出題傾向をつかもう。

### 【解説動画の内容】

| 解説動画 | ページ | 解説内容 |
|---|---|---|
| はじめに | 3 | 共通テスト「公共，倫理」の全体概観 |
| 第1回 | 15 | 源流思想 |
| 第2回 | 35 | 西洋近現代思想 |
| 第3回 | 57 | 日本思想 |
| 第4回 | 79 | 青年期・現代社会分野 |

2024年6月　清水雅博

この画像をスマートフォン等で読み取ると，ワンポイント解説動画が視聴できます（以下同）。

QRコード

# ❸ 詳しくわかりやすい解説

　本書では，入試問題を解くための知識や正誤のポイントが習得できるよう，工夫を凝らしている。的を射たわかりやすい解説を読めば，一目で正解の理由が明確になるだろう。

## 【解説の構成】

### ❶解答一覧

正解と配点の一覧表。各回の扉に掲載。マークシートの答案を見ながら，自己採点欄に採点結果を記入しよう（7ページ参照）。

配点表

### ❷解説

設問ごとの解説に入る前に，大問別に出題のねらいや概要を説明する。必ず熟読して出題者の意図や視点をつかめるようにしてほしい。全体的な大問解説のあと，設問ごとに解説していく。設問ごとの解説には，そこで問われている知識や正誤のポイントが的確に，かつわかりやすく説明されている。太字になっている語句にも注意を払って読み込んでほしい。

出題分野
出題のねらい

### ❸整理

必要に応じて，その設問で扱われていた知識や事項の「まとめ」や，内容や論点に関する図表やフローチャートなどを掲載している。解説文と合わせて必ず目を通し，徹底的に理解してほしい。

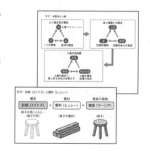

# 本書の使い方

本書は，別冊に問題，本冊に解答解説が掲載されている。まずは，別冊の問題を解くところから始めよう。

## ❶ 注意事項を読む

**◀問題編 扉**

問題編各回の扉に，問題を解くにあたっての注意事項を掲載。本番同様，問題を解く前にしっかりと読もう。

── 注意事項

## ❷ 問題を解く

**◀問題（全４回収録）**

実際の共通テストの問題を解く状況に近い条件で問題を解こう。タイマーや時計などを用意し（実際の解答時間は 45 分程度），時間厳守で解答すること。

**◀マークシート**

解答は本番と同じように，付属のマークシートに記入するようにしよう。複数回実施するときは，コピーをして使おう。

6

## 本冊 解答解説編

### 1 採点をする／ワンポイント解説動画（概観講義）を視聴する

◀**解答解説編 扉**

各回の扉には，正解と配点の一覧表が掲載されている。問題を解き終わったら，正解と配点を見て採点しよう。また，右上部のＱＲコードをスマートフォンなどで読み取ると，著者によるワンポイント解説動画を見ることができる。

―――― QRコード（扉のほかに，「はじめに」にも掲載）

### 2 解説を読む

◀**解答解説**

わからなかったり知識があいまいだったりした問題は，たとえまぐれで正解したとしても必ず解説を熟読し，解説中の知識や解き方のポイントを身につけよう。また，「出題者は何を問うために設問を作ったのか」という視点で問題を見直そう。

### 3 復習する

再びタイマーや時計などを用意して，マークシートを使いながら解き直そう。

# 目次

# 特集①～共通テストについて～

## ❶ 大学入試の種類

　大学入試は「**一般選抜**」と「**特別選抜**」に大別される。一般選抜は高卒（見込）・高等学校卒業程度認定試験合格者（旧大学入学資格検定合格者）ならば受験できるが，特別選抜は大学の定めた条件を満たさなければ受験できない。

### ❶一般選抜

　一般選抜は1月に実施される「**共通テスト**」と，主に2月から3月にかけて実施される大学独自の「**個別学力検査**」（以下，**個別試験**）のことを指す。国語，地理歴史（以下，地歴），公民，数学，理科，外国語といった学力試験による選抜が中心となる。

　国公立大では，1次試験で共通テスト，2次試験で個別試験を課し，これらを総合して合否が判定される。

　一方，私立大では，大きく分けて①個別試験のみ，②共通テストのみ，③個別試験と共通テスト，の3通りの型があり，②③を「**共通テスト利用方式**」と呼ぶ。

### ❷特別選抜

　特別選抜は「**学校推薦型選抜**」と「**総合型選抜**」に分かれる。

　学校推薦型選抜とは，出身校の校長の推薦により，主に調査書で合否を判定する入試制度である。大学が指定した学校から出願できる「**指定校制推薦**」と，出願条件を満たせば誰でも出願できる「**公募制推薦**」の大きく2つに分けられる。

　総合型選抜は旧「AO入試」のことで，大学が求める人物像（アドミッション・ポリシー）と受験生を照らし合わせて合否を判定する入試制度である。

　かつては原則として学力試験が免除されていたが，近年は学力要素の適正な把握が求められ，国公立大では共通テストを課すことが増えてきている。

## ❷ 共通テストの基礎知識

### ❶共通テストとは

　共通テストとは,「独立行政法人 大学入試センター」が運営する**全国一斉の学力試験（マークシート方式）**である。

　2013 年に教育改革の提言がなされ,大学入試改革を含む教育改革が本格化した。そこでは,これからの時代に必要な力として,①知識・技能の確実な習得, ②（①を基にした）思考力・判断力・表現力, ③主体性を持って多様な人々と協働して学ぶ態度, の「**学力の三要素**」が挙げられている。共通テストでは,これらの要素を評価するための問題が出題される。

　さらに,「学習指導要領」が改訂されたことに伴い, 2025 年度入試からは, 新学習指導要領（新課程）による入試が始まる。共通テストに関する大きな変更点としては,「入試教科・科目」の変更と「試験時間」の変更が挙げられる。

### ❷新課程における変更点

【教科】

　・「情報」の追加

【科目】

　・「歴史総合」「地理総合」「公共」の新設

　　※必履修科目を含む 6 選択科目に再編

　・数学②は「数学Ⅱ,数学 B,数学 C」1 科目に

　　※「簿記・会計」「情報関係基礎」の廃止

【試験時間】

　・国　語：80 分→ 90 分

　・数学②：60 分→ 70 分

　・情　報：60 分

　・理科は 1 グループに試験時間がまとめられる

## ❸出題教科・科目の出題方法（2025年度入試）

| 教科 | 出題科目 | 出題方法<br>（出題範囲，出題科目選択の方法等） | 試験時間<br>（配点） |
|---|---|---|---|
| 国語 | 『国語』 | ・「現代の国語」及び「言語文化」を出題範囲とし，近代以降の文章及び古典（古文，漢文）を出題する。 | 90分（200点）<br>（注1） |
| 地理歴史<br><br>公民 | 『地理総合，地理探究』<br>『歴史総合，日本史探究』<br>『歴史総合，世界史探究』→(b)<br>『公共，倫理』<br>『公共，政治・経済』<br>『地理総合／歴史総合／公共』<br>→(a)<br><br>(a)：必履修科目を組み合わせた出題科目<br>(b)：必履修科目と選択科目を組み合わせた出題科目 | ・左記出題科目の6科目のうちから最大2科目を選択し，解答する。<br>・(a)の『地理総合／歴史総合／公共』は，「地理総合」，「歴史総合」及び「公共」の3つを出題範囲とし，そのうち2つを選択解答する（配点は各50点）。<br>・2科目を選択する場合，以下の組合せを選択することはできない。<br>　(b)のうちから2科目を選択する場合<br>　　『公共，倫理』と『公共，政治・経済』の組合せを選択することはできない。<br>　(b)のうちから1科目及び(a)を選択する場合<br>　　(a)については，(a)で選択解答するものと同一名称を含む科目を選択することはできない。**（注2）**<br>・受験する科目数は出願時に申し出ること。 | 1科目選択<br>60分（100点）<br>2科目選択<br>130分**（注3）**<br>（うち解答時間<br>120分）（200点） |
| 数学① | 『数学Ⅰ，数学A』<br>『数学Ⅰ』 | ・左記出題科目の2科目のうちから1科目を選択し，解答する。<br>・「数学A」については，図形の性質，場合の数と確率の2項目に対応した出題とし，全てを解答する。 | 70分（100点） |
| 数学② | 『数学Ⅱ，数学B，数学C』 | ・「数学B」及び「数学C」については，数列（数学B），統計的な推測（数学B），ベクトル（数学C）及び平面上の曲線と複素数平面（数学C）の4項目に対応した出題とし，4項目のうち3項目の内容の問題を選択解答する。 | 70分（100点） |
| 理科 | 『物理基礎／化学基礎／生物基礎／地学基礎』<br>『物理』<br>『化学』<br>『生物』<br>『地学』 | ・左記出題科目の5科目のうちから最大2科目を選択し，解答する。<br>・『物理基礎／化学基礎／生物基礎／地学基礎』は，「物理基礎」，「化学基礎」，「生物基礎」及び「地学基礎」の4つを出題範囲とし，そのうち2つを選択解答する（配点は各50点）。<br>・受験する科目数は出願時に申し出ること。 | 1科目選択<br>60分（100点）<br>2科目選択<br>130分**（注3）**<br>（うち解答時間<br>120分）（200点） |
| 外国語 | 『英語』<br>『ドイツ語』<br>『フランス語』<br>『中国語』<br>『韓国語』 | ・左記出題科目の5科目のうちから1科目を選択し，解答する。<br>・『英語』は，「英語コミュニケーションⅠ」，「英語コミュニケーションⅡ」及び「論理・表現Ⅰ」を出題範囲とし，【リーディング】及び【リスニング】を出題する。受験者は，原則としてその両方を受験する。その他の科目については，『英語』に準じる出題範囲とし，【筆記】を出題する。<br>・科目選択に当たり，『ドイツ語』，『フランス語』，『中国語』及び『韓国語』の問題冊子の配付を希望する場合は，出願時に申し出ること。 | 『英語』<br>【リーディング】<br>80分（100点）<br>【リスニング】<br>60分**（注4）**<br>（うち解答時間<br>30分）（100点）<br><br>『ドイツ語』『フランス語』『中国語』『韓国語』<br>【筆記】<br>80分（200点） |
| 情報 | 『情報Ⅰ』 | | 60分（100点） |

**（備考）** 『 』は大学入学共通テストにおける出題科目を表し，「 」は高等学校学習指導要領上設定されている科目を表す。
　また，『地理総合／歴史総合／公共』や『物理基礎／化学基礎／生物基礎／地学基礎』にある"／"は，一つの出題科目の中で複数の出題範囲を選択解答することを表す。

**（注1）** 『国語』の分野別の大問数及び配点は，近代以降の文章が3問110点，古典が2問90点（古文・漢文各45点）とする。

**（注2）** 地理歴史及び公民で2科目を選択する受験者が，(b)のうちから1科目及び(a)を選択する場合において，選択可能な組合せは以下のとおり。
　・(b)のうちから『地理総合，地理探究』を選択する場合，(a)では「歴史総合」及び「公共」の組合せ
　・(b)のうちから『歴史総合，日本史探究』又は『歴史総合，世界史探究』を選択する場合，(a)では「地理総合」及び「公共」の組合せ
　・(b)のうちから『公共，倫理』又は『公共，政治・経済』を選択する場合，(a)では「地理総合」及び「歴史総合」の組合せ

**（注3）** 地理歴史及び公民並びに理科の試験時間において2科目を選択する場合は，解答順に第1解答科目及び第2解答科目に区分し各60分間で解答を行うが，第1解答科目及び第2解答科目の間に答案回収等を行うために必要な時間を加えた時間を試験時間とする。

**（注4）** 【リスニング】は，音声問題を用い30分間で解答を行うが，解答開始前に受験者に配付したICプレーヤーの作動確認・音量調節を受験者本人が行うために必要な時間を加えた時間を試験時間とする。
　なお，『英語』以外の外国語を受験した場合，【リスニング】を受験することはない。

11

# 特集②〜共通テスト「倫理」分野の傾向と対策〜

## ❶ 共通テスト「倫理」分野の特徴

　共通テストは,その基本方針として「思考力」「判断力」を測る「考えさせる問題」が中心となり,設問形式や構成,資料の使われ方などもセンター試験から大きく変わった。

　第一の特徴は,各設問中に長・短の文章を設け,**文章内容の把握力・要約力を問う設問**や,**関連性・因果関係を判断させる**設問が見られることである。よって,文章を読み内容を早くつかめるかが勝負の分かれ目となる。普段から「倫理的」な文章を読みこなし,**素早く内容を理解する国語力**を身につける必要がある。

　第二の特徴は,空欄問題において空欄に当てはめるものが,語句だけでなく文章など多岐にわたっていることである。しかも,複数の空欄すべてを適切に埋めることで正解になるため,**部分的な理解では得点できない**形式になっている。多くの文章を読み,その趣旨を把握する訓練を通じて鍛えていかなければならない。

　これらの特徴を持つ共通テストの対策として,教科書や参考書を読み込むことに加えて,現在に至るまでの歴史的な背景やつながり,グローバル化が進む現代の視点からも理解しておく必要がある。加えて,人間社会の諸現象(文化的・宗教的・倫理的な視点)の理解も重要となる。

　つまり,**現在の社会問題を幅広い視野で総合的に考える**習慣を身につけることが求められるのだ。本質的な理解を問う問題,具体的事例を用いて考えさせる問題,現代社会の知識が問われる問題,文章や図表の読解問題と,出題形式はバラエティに富んでいる。もちろん,文章量も多い。腰をすえて内容把握をしていくことが必要となる。

　そのために与えられる解答時間の目安は**45分**である。決して,「倫理」の問題はやさしいと思い込んではいけない。この科目をナメてはいけないのだ。しかし,きちんとした学習を行えば,恐れるに足りない。正しい学習法で取り組めば,必ず高得点がねらえるはずだ。

## ❷ 共通テスト「倫理」分野の傾向と対策

傾向 これまで長らく公民の単独科目であった「倫理」は，2025年度の共通テストより，新たな設置科目である「公民」と組み合わされて「公共，倫理」に再編された。「公共，倫理」は，「公共」分野が大問2つ（第1・2問）で配点が25点，「倫理」分野が大問4つ（第3〜6問）で配点が75点の合計100点，試験時間は60分である。

共通テスト「公共，倫理」試作問題（2022年公表）出題内容・枠組み

| 大問 | 主なテーマ | 小問 | 分野 | 主な内容 | 知識問題 | 思考・読解問題 | 形式 | 配点 | 備考 |
|---|---|---|---|---|---|---|---|---|---|
| 第1問 | 多様性と共通性 | 問1 | 思想史 | カント | ○ | ○ | 新 | 4 | 公共共通問題 |
| | | 問2 | 政治 | 多様性 | ○ | ○ | 新 | 3 | |
| | | 問3 | 国際経済 | SDGs | ○ | ○ | 新 | 3 | |
| | | 問4 | 政治 | 民法 | ○ | | 新 | 3 | |
| 第2問 | 少子高齢化 | 問1 | 思想史 | アリストテレス | ○ | ○ | 新 | 3 | 公共共通問題 |
| | | 問2 | 現代社会 | 少子化 | | ○ | 新 | 3 | |
| | | 問3 | 現代社会 | 少子化 | | ○ | 新 | 3 | |
| | | 問4 | 現代社会 | 少子化 | | ○ | 新 | 3 | |
| 第3問 | 源流思想西洋近代思想 | 問1 | 西洋近現代思想 | 科学革命 | ○ | | 旧 | 3 | 倫理 |
| | | 問2 | 西洋近現代思想 | ロック | ○ | | 新 | 3 | |
| | | 問3 | 西洋近現代思想 | ヘーゲル | ○ | | 新 | 3 | |
| | | 問4 | 源流思想 | 古代ギリシア | ○ | | 旧 | 3 | |
| | | 問5 | 源流思想 | 古代インド | ○ | | 新 | 3 | |
| | | 問6 | 源流思想 | 源流思想総合 | ○ | ○ | 旧 | 3 | |
| | | 問7 | 西洋近現代思想 | ニーチェ | | ○ | 新 | 3 | |
| | | 問8 | 西洋近現代思想 | 実存思想 | ○ | ○ | 新 | 3 | |
| | | 問9 | 西洋近現代思想 | 近代科学 | | ○ | 新 | 4 | |
| 第4問 | 日本思想 | 問1 | 日本思想 | 伊藤仁斎 | ○ | | 旧 | 3 | 倫理 |
| | | 問2 | 日本思想 | 法然 | ○ | | 新 | 3 | |
| | | 問3 | 日本思想 | 山本常朝 | ○ | | 旧 | 3 | |
| | | 問4 | 日本思想 | 国学 | ○ | ○ | 新 | 3 | |
| | | 問5 | 日本思想 | 和辻哲郎 | ○ | ○ | 旧 | 3 | |

| 大問 | 主なテーマ | 小問 | 分野 | 主な内容 | 知識問題 | 思考・読解問題 | 形式 | 配点 | 備考 |
|---|---|---|---|---|---|---|---|---|---|
| 第5問 | 生命倫理 環境倫理 | 問1 | 現代社会分野 | 環境倫理 | ○ | ○ | 旧 | 3 | 倫理 |
| | | 問2 | 現代社会分野 | 環境倫理 | ○ | | 旧 | 3 | |
| | | 問3 | 現代社会分野 | 生命倫理 | ○ | ○ | 旧 | 3 | |
| | | 問4 | 青年期 | 青年期 | ○ | | 新 | 3 | |
| | | 問5 | 現代社会分野 | 環境倫理 | | ○ | 新 | 4 | |
| 第6問 | 男女共同参画 | 問1 | 現代社会分野 | 男女平等 | ○ | ○ | 旧 | 3 | 倫理 |
| | | 問2 | 現代社会分野 | 論理的帰結 | | ○ | 新 | 3 | |
| | | 問3 | 現代社会分野 | 男女平等 | ○ | ○ | 新 | 3 | |
| | | 問4 | 現代社会分野 | 地域社会 | ○ | ○ | 新 | 3 | |
| | | 問5 | 現代社会分野 | 地域社会 | | ○ | 新 | 4 | |

※共通問題：「公共、政治・経済」「公共、倫理」の「公共」について問題が共通している。

　全体を通して，問題のテーマは基本的なものが多いが，**単なる知識を用いるだけでは解答を出すのは難しい**。知識と知識を組み合わせたり，論理的な思考が求められている。資料文の読み取り，空欄穴埋めの組合せなどが出題される。

対策 **論理的な思考力を高めること**が大切となる。例えば，A君とB君の会話文のような空欄穴埋め問題で，それぞれある1つの議題について異なる立場や対立する見解に立って会話が進んでいく場合，ここで議論されている考え方の特徴，問題点，それに批判的考え方までを理解しておくことが必要になる。

　また，「自分では理解したつもりなのに，いざ問題を解く段階になると，選択肢の正誤がうまく判定できない」という受験生の声をよく聞く。そうした受験生は**演習量が不足**している。ありがちな「誤解」「誤読」を問う選択肢も多い。本書や模試を通じた演習で，誤文の誤文たるゆえんを1つひとつ**正確に理解**していくトレーニングが大切となる。

　哲学はその時代の思想テーマの解決思索を示している。思想家がどの時代に生き，どのような問題意識で何を主張したのかをつかむことが大切である。資料集などでその思想家が書いた著作など原典の一部の日本語訳を読んでみると，その思想家の考え方がより理解しやすくなる。以前のセンター試験を含めた過去問，本書や模試で出題された資料文も大いに活用してほしい。資料文から誰の思想かを推理する力が養われ，共通テストの得点力を高めてくれるはずである。

# 解答解説 第 1 回

概観講義

出演：清水雅博先生

| 問題番号 (配点) | 設問 | 解答番号 | 正解 | 配点 | 自己採点① | 自己採点② |
|---|---|---|---|---|---|---|
| 第1問 (28) | 問1 | 1 | ② | 3 | | |
| | 問2 | 2 | ② | 3 | | |
| | 問3 | 3 | ④ | 3 | | |
| | 問4 | 4 | ④ | 3 | | |
| | 問5 | 5 | ② | 3 | | |
| | 問6 | 6 | ④ | 3 | | |
| | 問7 | 7 | ① | 3 | | |
| | 問8 | 8 | ④ | 3 | | |
| | 問9 | 9 | ④ | 4 | | |
| | 小計（28点） | | | | | |
| 第2問 (15) | 問1 | 10 | ② | 3 | | |
| | 問2 | 11 | ① | 3 | | |
| | 問3 | 12 | ① | 3 | | |
| | 問4 | 13 | ⑥ | 3 | | |
| | 問5 | 14 | ③ | 3 | | |
| | 小計（15点） | | | | | |

| 問題番号 (配点) | 設問 | 解答番号 | 正解 | 配点 | 自己採点① | 自己採点② |
|---|---|---|---|---|---|---|
| 第3問 (16) | 問1 | 15 | ② | 3 | | |
| | 問2 | 16 | ① | 3 | | |
| | 問3 | 17 | ① | 3 | | |
| | 問4 | 18 | ① | 3 | | |
| | 問5 | 19 | ① 又は ② 又は ③ | なし | | |
| | | 20 | 解答番号19が①の場合は③ 解答番号19が②の場合は⑤ 解答番号19が③の場合は① | 4 | | |
| | 小計（16点） | | | | | |
| 第4問 (16) | 問1 | 21 | ④ | 3 | | |
| | 問2 | 22 | ② | 3 | | |
| | 問3 | 23 | ⑥ | 3 | | |
| | 問4 | 24 | ③ | 3 | | |
| | 問5 | 25 | ① | 4 | | |
| | 小計（16点） | | | | | |
| 合計（75点満点） | | | | | | |

※共通テストで「公共，倫理」を解答科目にする場合は，試験の定める条件に合わせて大問1～4すべてを解答してください。配点は75点です。

※ぜひ，同シリーズの『公共』も合わせて演習してください。

## 解説 第1回 実戦問題

□ **第1問【日本思想】**

### ねらい

　日本思想について，時間軸に沿って幅広く出題した。問2や問5はすべての選択肢を読んだ上で正解となる二つを選ぶ問題であり，確かな知識を求められる。問3の本地垂迹説も同様で，権現思想も含めて知識を整理しておこう。問6は，資料の中から手がかりとなる「三民」や窮理の思想を見つけたい。中江兆民に関する問7は，二つの民権を区別して理解していれば難しくない。問8では，デカルトと和辻哲郎，森鷗外，西田幾多郎の思想を理解しているかが問われている。西洋近現代思想と日本思想にも交わる点があるので，横のつながりを意識した学習を心がけたい。問9は，第1問のまとめの問題となっている。個別の知識でも正解できるが，第1問のここまでの問題中にも手がかりとなる要素があるので，振り返ってみよう。

### 解説

**問1　1　正解は②**

② 国文学者折口信夫（おりくちしのぶ）（1887 ～ 1953）による日本の神の解釈である。「まれびと」とは客人を意味し，日本神話に登場する海の彼方の豊かな不老不死の神の国である「常世の国（とこよのくに）」からやってきて豊穣をもたらす神である。一方，民俗学者の柳田国男（やなぎたくにお）（1875 ～ 1962）は日本の神の正体を山中から降臨する先祖の霊と考えた。

① 古代神話においては，神は天上界から人間の住む地上界に降り立つことがある。例えば，スサノオ（素戔嗚尊）（スサノオノミコト）は高天原（たかまがはら）から追放されて出雲国（いずものくに）（現在の島根県）に行き，ヤマタノオロチを退治して，その地を治めた。また，イザナギ（伊邪那岐命）（イザナギノミコト）は禊（みそぎ）によって穢れを洗い浄めている。

③ 古代の日本では，荘厳で崇高な思いを抱かせる山岳や滝，大木や大岩などは信仰の対象となり，特に山岳信仰は仏教と融合していった。絶対的な正義を基準として不完全な人間を裁く存在とは，ユダヤ教などの一神教における神である。

④ アマテラス（天照大神）（アマテラスオオミカミ）は，古代日本神話における最高神であるが，同時に自然の力などを祀る神でもある。こうしたあり方を和辻哲郎（わつじてつろう）（1889 ～ 1960）は，「**祀る神であると同時に祀られる神**」と呼んだ。自らが他の神を祀ることは祟りを呼ぶ，という思想は見られない。

16

問2　　2　　正解は②

　　アは，「醜く穢れたこの世を離れ」（厭離穢土），「美しい浄土に生まれ変わる」（欣求浄土）という浄土教の思想を説いた平安時代後期の僧源信（942〜1017）に関する記述である。

　　イは，人間はみな「煩悩にとらわれ迷う存在」，すなわち凡夫であると説いた聖徳太子（574〜622）に関する記述である。聖徳太子は，飛鳥時代に仏教にもとづく政治を行い，日本で初めて仏教の根本理解をした人物とされる。

　　ウは，「一切衆生悉有仏性」，すなわちすべての人はことごとく仏性を有するという教えを強調して天台宗を興した最澄（767〜822）に関する記述である。

　　エは，存心持敬を唱えた江戸時代初期の思想家林羅山（1583〜1657）に関する記述である。林羅山は，仏教やキリスト教に対抗するため，儒学を用いて江戸幕府の封建制度を基礎づけた人物である。

　　オは，「仏・法・僧を敬い」とあることから，聖徳太子による十七条憲法の「篤く三宝を敬え」であることがわかる。

　　カは，真言宗の開祖空海（774〜835）による即身成仏についての記述である。

　　よって，イとオの聖徳太子が飛鳥時代の仏教に大きな影響を与えた思想家であることから，②がこの設問の正解である。


問3　　3　　正解は④

　　本地垂迹説において，真理の根源（本地）となるのは仏であり，これが形となって現れる（垂迹）のが神である。よって，空欄アには仏，空欄イには神が入る。鎌倉時代に入ると，蒙古襲来（元寇）という国家の危機に直面し，神国思想が発達した。これを背景に，神が本地で仏が垂迹だとする反本地垂迹説が生まれた。江戸時代前期の儒学者山崎闇斎（1618〜82）が創始した垂加神道は，朱子学と神道を合一させたもので，君臣関係を基本とする封建秩序と天皇崇拝を説いた。国粋主義的な性格を持つ思想であり，幕末の尊王攘夷運動に影響を与えた。

　　よって，④がこの設問の正解である。


問4　　4　　正解は③

　③　誤文。江戸時代初期の儒学者藤原惺窩（1561〜1619）の思想についての記述である。藤原惺窩は，はじめ仏教を学んだが，戦国時代末期の混乱を目の当たりにし，人間の内面の苦しみを救おうとする仏教では現実の問題を解決するのは難しいと思

い至った。朱子学を学ぶ機会を得て儒者となり，近世儒学の基礎を築いた。弟子の林羅山は徳川家康（1542〜1616）に仕えた。

① 正文。日蓮宗の開祖である日蓮（1222〜82）の思想についての記述である。『法華経（ほけきょう）』を絶対的なものと考えていた日蓮は，永遠の長きにわたって今もなお教えを説き続けている仏（久遠実成（くおんじつじょう）の仏）について説いているのは『法華経』のみであるとした。著書『立正安国論』では他宗を激しく非難し，国難の到来を予言した。これにより日蓮は佐渡へ流罪になっている。

② 正文。親鸞（しんらん）（1173〜1262）は浄土真宗の開祖で，法然（1133〜1212）の教えの中核にある，ただひたすらに南無阿弥陀仏を唱えること（専修念仏（せんじゅ））を発展させ，救いはすべて阿弥陀仏のはからいによりおのずから起こるものであるとする絶対他力を唱えた。そして，阿弥陀仏の救いに感謝して念仏を唱え（報恩感謝の念仏），他力にすがる悪人こそ救われるとする悪人正機（あくにんしょうき）を説いた。

④ 正文。栄西（えいさい）（1141〜1215）は，民間の貿易船で宋にわたって禅の教えを学び，帰国後に臨済宗（りんざい）を開いた。禅宗への非難に対して，禅の修行が鎮護国家のために役立つことを述べた『興禅護国論』を著し，鎌倉幕府の庇護を得た。自力では悟りを開くことができないと考えられていた末法（まっぽう）の世であっても，自力で悟りを開くことは可能であるとし，悟りに至る重要な手段としての問答（公案（こうあん））を取り入れた。また，中国から茶を持ち込み，『喫茶養生記』を著して，茶の効用についても論じた。

整理 ▷ **平安・鎌倉仏教のおもな宗派**

| 仏教 | 人物 | 宗派 | 用語など |
|---|---|---|---|
| 平安仏教 | 最澄 | 天台宗 | 法華経，一切衆生悉有仏性（いっさいしゅじょうしつうぶっしょう） |
| | 空海 | 真言宗 | 密教，即身成仏，大日如来 |
| | 空也 | 浄土教 | 市聖・阿弥陀聖 |
| | 源信 | 浄土教 | 厭離穢土（おんりえど）・欣求浄土（ごんぐじょうど） |
| 鎌倉仏教 | 法然 | 浄土宗 | 専修念仏，他力・易行 |
| | 親鸞 | 浄土真宗 | 悪人正機，絶対他力，自然法爾 |
| | 一遍 | 時宗 | 踊り念仏 |
| | 栄西 | 臨済宗 | 公案 |
| | 道元 | 曹洞宗 | 只管打坐，身心脱落 |
| | 日蓮 | 日蓮宗 | 題目，四箇格言 |

## 問5 ⑤ 正解は ②

**ア**は，江戸時代中期の思想家**石田梅岩**（いしだばいがん）（1685 〜 1744）の思想である。石田梅岩は，神道・儒学・仏教などの教えを融合した**心学**（**石門心学**（せきもんしんがく））を説いた。彼によれば，商人が商売に専念し営利を得ることは，武士の俸禄と同じく正当なことであり，町人の営利追求は肯定されるべきである。また，商売を職とする町人は，**正直・倹約**（やく・けん）を徳目とし，**知足安分**（ちそくあんぶん）（身分秩序の中で自己の職分に満足し，分に応じたあり方をすること）を心がけるべきであるとする町人の道徳を説いた。

**イ**は，江戸時代初期の儒学者**林羅山**の思想である。林羅山は『**春鑑抄**（しゅんかんしょう）』において「**上下定文の理**（じょうげていぶん・ことわり）」を中核に置いた思想を展開し，身分秩序を正当化し，身分秩序に従って行動することが徳を得る道の根本であるとした。彼は藤原惺窩の弟子として朱子学を学び，徳川家康から 4 代将軍まで仕えた。民衆の思想とはいえない。

**ウ**は，この世は絶えず移り変わる幻のようなもので，人生ははかなく虚しいものであるとする**無常観**（むじょうかん）についての記述である。平安時代から鎌倉時代にかけて著された**鴨長明**（かものちょうめい）（1155 頃〜 1216）の『方丈記』や，兼好法師（1283 頃〜 1352 頃）の『徒然草』などの文学に無常観が見られる。

**エ**は，江戸時代中期の思想家**安藤昌益**（あんどうしょうえき）（ ？〜 1762）の思想である。安藤昌益は，支配層が作った法律や制度（**法世**（ほうせい））が身分制と差別を生み，社会の混乱や不平等などの悪を生み出していると批判した。彼によれば，人間が生きる本来の社会は，自然の営みに即してすべての人（**万人**（ばんじん））が身分の別なく農業に従事（**直耕**（ちょっこう））し，自給自足する平等な社会（**自然世**（しぜんせい））であり，そこに万人の幸福と平和が実現するという。

**オ**は，江戸時代初期の儒学者で，日本陽明学の祖ともいわれる**中江藤樹**（なかえとうじゅ）（1608 〜 48）の思想である。彼は著書『**翁問答**（おきなもんどう）』の中で，儒学に述べられている道徳の根源は，愛と敬からなる**孝**であり，それを日常の各場面で適切に使う際の根拠として，**時・処**（場所）・**位**（身分）を説いた。

よって，②がこの設問の正解である。

## 問6 ⑥ 正解は ④

④ **資料 1** は，江戸時代前期の儒学者**山鹿素行**（やまがそこう）（1622 〜 85）の思想をまとめたものである。「貴賤・上下・長幼を問わず，命を大事に思うものである」とは，山鹿素行の天命に対する考え方である。また，「三民はおのずと士を師としよう」とは，農・工・商の三民は，武士を師として尊敬し，その教えに従うべきであるとする山鹿素

行の考え方で，武士はその職分（**士道**）をよく自覚して三民を導くべきだと説いた。最後の「万物は一つの理によって存在している」とは，一つひとつの物の理を追究することで万物を貫く理に到達できるとする朱子学の 窮理（きゅうり）の考え方だが，これでは日常の倫理から乖離してしまうとして，実践的な学問のあり方を追究した。しかし，官学である朱子学を批判したことで，山鹿素行は幕府に罰せられた。

① **本居宣長**（もとおりのりなが）（1730 ～ 1801）は，江戸時代中期に国学を大成した思想家である。宣長によると，大陸から伝わった儒教や仏教などの影響を受けた考え方を漢心（からごころ）という。宣長は漢心を人為的かつ理論的であるとして批判し，生まれたままのまっさらな心である真心こそが日本固有の心であるとして尊重した。また，儒教や仏教などが伝わる以前の日本古来の道（**古道**）を「**惟神の道**（かんながら）」と呼び，古道の探究こそあるべき学問の姿だと考えた。彼はまた，『源氏物語』の研究を通して「**もののあは（わ）れ**」を文芸の本質だと考えた。

② **荻生徂徠**（おぎゅうそらい）（1666 ～ 1728）は江戸時代中期の儒学者である。古代中国の古典にあたり，当時の言葉を当時の解釈を通じて理解しようとする**古文辞学**（こぶんじ）を提唱した。徂徠によると，古代中国の聖人たちが作り上げた「先王の道」，具体的には「礼楽刑政」の制度が理想的な社会のあり方であるという。こうした制度のもと，世の中を調和させ天下を安泰にする営みとしての「**経世済民**（けいせいさいみん）」が学問の目的であるべきだと論じた。

③ **伊藤仁斎**（いとうじんさい）（1627 ～ 1705）は江戸時代前期の儒学者で，**古義学**（こぎ）の提唱者として知られる。仁斎は，朱子学は理論的であるとして批判し，『論語』や『孟子』などから孔子（前 551 頃～前 479 頃）や孟子（前 372 頃～前 289 頃）の真の精神を直接学ぶべきだと説いた。彼は，あらゆる人間関係は愛，すなわち「仁」を基本としており，嘘や偽りのない「誠」の徳によって成り立つと考えた。

整理 ▷ **古学の要点整理**

| 学派 | 人物 | おもな著書・思想の要点 |
|---|---|---|
| 古学 | 山鹿素行 | 『聖教要録』『山鹿語類』<br>士道，三民の師 |
| 古義学 | 伊藤仁斎 | 『童子問』『語孟字義』<br>仁愛，誠，真実無偽 |
| 古文辞学 | 荻生徂徠 | 『政談』『弁道』<br>先王の道，安天下の道，礼楽刑政，経世済民 |

**問7** ☐7☐ 正解は ①

　　資料2は，**中江兆民**（なかえちょうみん）（1847 ～ 1901）の『三酔人経綸問答』（さんすいじんけいりんもんどう）からの抜粋である。自由民権運動が弾圧によって衰退する中，運動の新しい方向性を示すために執筆されたといわれる。**恢復的**（回復的）（かいふく）**民権**，**恩賜的民権**（おんし）のいずれも，中江兆民による造語である。

**ア**　「恢復的民権にかわる唯一の民権となる」の部分が誤り。**資料2**の最後に「恢復的の民権と肩を並ぶるに至る」とあるように，中江兆民は恩賜的民権は恢復的民権と同等の価値を持つものに育てていくことができると考えた。

**イ**　正しい。中江兆民によると，日本においては，西洋のように革命によって恢復的民権を勝ち取ることは困難であることから，恩賜的民権を育て，実質的に恢復的民権と同等になれば良いと考えた。

**ウ**　後半の「英仏に見られる恢復的民権は社会の発展と学術の発達を背景に，よりいっそう大きく育つものである」の部分が誤り。**資料2**では恩賜の民権を恢復的民権と同等の価値を持つものに育てることについて論じている。恢復的民権を育てることについては触れていない。

**エ**　後半部分は，**夏目漱石**（1867 ～ 1916）の**内発的開化**についての記述である。漱石は，内側から自発的に起こる発展を内発的開化，外圧によって起こる発展を**外発的開化**と呼び，明治時代の日本の近代化・西洋化は外発的開化によるものだとして批判した。

　　よって，①がこの設問の正解である。

問8　　8　　正解は④

　　アは, **デカルト** (1596 ～ 1650) の**物心二元論**（心身二元論）についての記述である。デカルトは, 精神と物体（身体）を独立した別のものと捉える物心二元論を説いた。思考をする精神は自由な実体であり, 一方の物体（身体）は機械的に運動する実体である。**機械論的自然観**につながる考え方だが, 現実には精神と身体が影響し合っていることについて, 物心二元論では説明がつかず, 矛盾を残すこととなった。

　　イは, **和辻哲郎**の **間柄的存在**についての記述である。和辻は, 人間は個人であると同時に社会的存在であると論じた。例えば, 学校においてクラスはクラスメイト一人ひとりから成り立っているが, クラスメイトという存在はクラスという社会があって初めて成立するものである。こうしたことを, 和辻は間柄的存在という概念で説明した。

　　ウは, **森鷗外** (1862 ～ 1922) の**諦念**（レグナチオン・諦め）についての記述である。諦念は, 森鷗外の文学の特徴の一つであり, 社会との衝突も, 社会への埋没も避けた上で, 社会と自我との矛盾の解決を図ろうとする心のあり方である。

　　エは, **西田幾多郎** (1870 ～ 1945) の**純粋経験**についての記述である。デカルトの物心二元論などに始まる西洋哲学では, 精神と物体を別のものとして捉えるのに対し, 西田は精神と物体が別のものと認識される前の段階（**主客未分**）に注目し, この段階で得られる経験（**純粋経験**）こそが事物の本質であると論じた。こうした思想にたどり着いた背景には, 西田自身の禅の体験があるとされる。

　　よって, **イとウとエ**が日本の思想家・文学者による思想であることから, ④がこの設問の正解である。

問9　　9　　正解は④

　　アには「共同体」が入る。日本古来の神は, 西洋の神のような唯一絶対の神ではなく, 共同体に恵みや厄災をもたらす存在であり, 信仰は神と共同体の間に成立していた。一方, 仏教における信仰とは, 人々が自らの救いを求めるものであり, 仏と個人の間に成立するものであった。また, **場面1**の会話文から, 古代の日本において「学び」は共同体を守る知恵として位置づけられていたことや, **場面2**のメモから, 仏教への信仰が個人の悟りや救いを求める性格を帯びたものであることが読み取れる。

　　イには「重層的」が入る。日本文化は, 重層的構造を特徴としている。日本古来

の文化，外来の文化，外来文化の受容によって変化をとげた文化のそれぞれが，積み重なって日本文化を形成していることからこのように考えられている。一元的とは，様々なことがその根源を同一にしていることをいい，日本文化の特徴とはいえない。

　ウには「日本固有の価値観の台頭」が入る。国学は，外来思想が重用された江戸時代において，儒教や仏教などの外来思想の影響を排除し，日本古来の心のあり方に立ち戻ることを主眼においた学問である。明治時代以降の国家主義も，行き過ぎた西洋化に対する反発から，日本文化の優秀性を強調し，他文化を排除しようとする運動により発展した。

　よって，④がこの設問の正解である。

## □ 第2問【源流思想と西洋近現代思想】

### ねらい

　　キリスト教，ギリシア思想，ルネサンス期の社会と思想について，資料も交えた出題となっている。問1では，イエスはユダヤ教の何を問題としたのか，パウロの説いた信仰とはどのようなものなのかを確認しておこう。問2は，宗教改革に関する出題である。中世のカトリック教会をめぐる問題を理解するとともに，宗教改革がその後のヨーロッパ社会，とりわけ一般の人々の職業観に与えた変化をおさえておこう。問3と問4の古代ギリシアの思想については，ソクラテス，プラトン，アリストテレスの特徴を整理して理解しておこう。問5は，ベーコンに関する資料問題である。ベーコンの思想を理解していれば正解できるが，資料の読み取りからでも答えを導くことができる。

### 解説

問1　　10　　正解は②

② **原罪**とは，人間が生まれながらに負っている，自分では償うことができない罪のことであり，『旧約聖書』で人間の始まりとされているアダムが神の意思に背いたことから，全人類に受け継がれたとされる罪である。熱心なユダヤ教徒だったパウロ（？〜60以後）は，律法に忠実であろうとすればするほどに，それができない自分の罪が深まることを「私は自分の望む善は行わず，望まない悪を行っている」という言葉で表現した。しかしある時，絶望したパウロにイエス＝キリスト（前7頃／前4頃〜後30頃）の声が届き，人類の原罪を贖うために犠牲になった神の子イエスと，イエスを地上に遣わした神の愛への信仰によって人間は救われると考えるようになった。パウロはユダヤ教から**回心**し，キリスト教の伝道者（使徒）となった。

①・③ 人間が，原罪から解放されることはない。ただイエスと神の愛を信じることで救われるとされる。また，**律法**とはユダヤ教徒が神から授かった戒律のことで，イエスは律法が形式的であるとして批判した。

④ イエスの贖罪によって，神とイエスを信じるすべての者は救いを得るとされる。律法を遵守する者に限って与えられる救いではない。

問2 [ 11 ] 正解は ①

　　絵画の出典は15世紀末頃に活躍した画家ヒエロニムス＝ボス（生没年不明）の「愚者の船」である。

ア　中世末期には，腐敗したキリスト教会や聖職者に対する批判が高まっていた。

イ　スイスで宗教改革運動を行った**カルヴァン**（1509〜64）は，救済されるか否かは神の意志によって予め定まっているという**予定説**を唱え，人間の善行は救われるか否かに関係ないとした。また，キリスト教において金儲けや蓄財は卑しいものだと考えられていたが，「職業は神から与えられた使命である」という職業召命観にもとづき，神の定めた通りに禁欲的に働くことによる富の蓄積は正当なことであるとされた。こうした思想を背景にした禁欲的で勤勉な生活態度は**カルヴィニズム**とも呼ばれる。**聖書中心主義**を掲げて宗教改革運動に取り組んだのはドイツのルター（1483〜1546）である。**ルター**は世俗化した中世のカトリック教会に対して「**95カ条の意見書（95カ条の論題）**」を出し，原罪を免除する**贖宥状（免罪符）**が教会の資金集めに利用されていることを指摘し，聖書中心の信仰こそが義であるとする**信仰義認説**を唱えて宗教改革を進めた。カトリックが信者と神との接触は司祭を媒介としなければならないとする司祭媒介主義に立つのに対して，信者は信仰によって直接神と接することができるとする**万人司祭主義**に立つ。

　　よって，① がこの設問の正解となる。

問3 [ 12 ] 正解は ①

　　ソクラテス（前469頃〜前399）は**問答法（対話法）**によって，ソフィストなどの有識者と議論する中で，相手方に無知を知らしめることを通じて善美とは何かを探究しようとしたことから，青年に害悪を流布したとしてポリスの法にもとづき死刑判決を受けることになる。**正義が何かを知っていることで「善い」行いができる**ことを説いたソクラテスは，たとえその死刑判決が不当なものであっても，脱獄という行為は，ポリスの法に反する不正行為にあたるので，「善い」行いにはなりえないと考え，毒杯を仰いで死刑を受け入れた（ソクラテスの死）。ソクラテスは，これまで自身が生活を営んできた国家が定めた法が自分を裁いたのであり，これをないがしろにすることは国をないがしろにするのと同じことだと考えた。

　　よって，① がこの設問の正解となる。

問4 　13　 正解は⑥

　思想家名は**アリストテレス**（前384〜前322），空欄に当てはまる用語は**中庸**である。アリストテレスは，正しい生き方を実現するためには，感情や欲望が理性に従う必要があると考え，過不足を避けた中庸（メソテース）を心がけるべきだとした。中庸とは中間を選択することだが，例えば「無謀」と「臆病」を両極端とした場合の理想的な中庸は「勇気」となるのであり，単純に「無謀」と「臆病」の両極端の真ん中と考えるわけではない。

　**プラトン**（前427〜前347）はソクラテスの弟子であり，**イデア論**を展開したことで知られる。イデアとは，理性が捉える真の実在のことで，感覚が捉える変化・消滅するものと区別した。プロティノス（204〜270）は新プラトン派（新プラトン主義）の哲学者である。新プラトン派とは，プラトンの哲学にピタゴラス（前6世紀頃）やアリストテレス，ストア哲学，さらには神秘的要素を加えた学派で，3〜6世紀頃に盛んとなった。

　**形相（エイドス）**，**質料（ヒュレー）**，**観想（テオリア）**はいずれもアリストテレスによる用語である。イデア論を唱えたプラトンは理性が捉える普遍的な実在に注目したのに対し，アリストテレスは感覚で捉えることができる事物が実在だと考えた。そして，個々の具体的な事物の本質を形相（エイドス），その素材を質料（ヒュレー）と呼んだ。また，観想（テオリア）とは，目の前の現実への関心を離れて真理を考察することであり，人間の持つ最も優れた能力である理性を活用して真理を考察する観想は，人間に最高の幸福をもたらすものであると論じた。

　よって，**⑥**がこの設問の正解である。

整理▷形相（エイドス）と質料（ヒュレー）

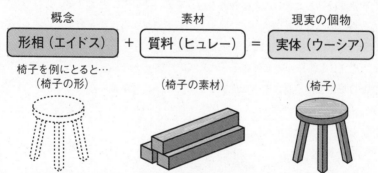

概念　　　　　　　　　素材　　　　　　　現実の個物

形相（エイドス）　＋　質料（ヒュレー）　＝　実体（ウーシア）

椅子を例にとると…
（椅子の形）　　　　　　　（椅子の素材）　　　　　　（椅子）

問5 ｜14｜ 正解は ③

　　ベーコン（1561 〜 1626）の「**知は力なり**」とは，人間は自然を支配することで人類に幸福をもたらすことができるとする考え方である。ただし，ベーコンは，人間が自然を支配するためには，自然に服従しなくてはならないと考えた。自然を観察し，物事が起こる原因についての知識を得ることで，人間が自然を支配する，すなわち人類の福祉に貢献できると論じた。

③　**資料2**の三の「自然とは，これに従うことによらなくては征服されないからである」が，「人間は，自然に服従することによってしか，自然を支配することはできない」と合致する。また，**資料2**の二では「素手もひとりに任された知性もあまり力をもたず，道具や補助によって事は成しとげられる」とあり，人間の手を例にあげ，知性は「道具や補助」がなければあまり力をもたないと説明している。**資料2**の一では「実地により，もしくは精神によって観察しただけを，為しかつ知る」としており，人間が知ることができるのは，自然の観察から得られた知識だけだと述べている。

①　「人間は，自然を服従させることも，自然を支配することもできない」と，「観察のみによって知識を得ることはできない」が誤り。

②　「人間は，自然を服従させることも，自然を支配することもできない」と，「自然のあらゆる真実を知ることができる」が誤り。

④　「人間は自然を超越した存在であると理解できる」が誤り。**資料2**の冒頭に「自然の下僕であり解明者である人間」とあり，ベーコンは人間を自然の下僕にすぎないと考えている。

# □ 第3問【アファーマティブ・アクションと自由】

## ねらい

　アファーマティブ・アクションを題材に，資料の読み取りや不平等の是正，青年期などを交えて出題した。問1では，ロールズやセンの思想をキーワードとともに確認しておきたい。問2は，提示された資料を注意深く読み取ることで，正解を導くことができる。問3は，ルソーの思想と資料からの読み取りを組み合わせる問題だが，資料をていねいに読むことが求められている。問4は，抽象的な語句を具体的な事例に当てはめる問題である。防衛機制の学習などを通じて，用語と具体例を結びつける練習を行おう。問5は，複雑なつくりになっているが，落ち着いて(1)で選択した文章と対応するものを絞り込んでいこう。

## 解説

**問1** ┃ 15 ┃ 正解は ②

② **ロールズ**（1921 〜 2002）が論じた**公正としての正義**に該当する。ロールズは，正義とは自由をすべての人に平等に与えること，競争によって不平等が生じるとしてもそれは機会の均等が完全に確保された上で生じる結果の不平等であること，最も不遇な人々の立場が改善するための不平等，すなわち弱者保護のための合理的差別は許容されることを唱え，これらの条件を整備することを主張した。

① ロールズは，自分の将来について何もわからない「無知のヴェール」をかけられた原初状態において，人々は基本的な権利や義務を平等に割り当てることを求めるはずだと考えた。こうしたことから，最も不遇な人々の立場が改善される場合にのみ社会的・経済的不平等が許容されると主張した。

③ アファーマティブ・アクションのクオータ制についての記述である。

④ **アマーティア＝セン**（1933 〜）が主張した，人間の**潜在能力**に関する記述である。すべての人が自らの潜在能力を発揮する機会を平等に得られるようにすることを目指して，現実の社会で不利な立場にあるために，その機会のない人たちを優遇することが機会の平等を確保することにつながると唱えた。センによると，潜在能力とは，より良い生活を実現するための能力のことで，健康状態や経済状態において多様な背景を持つ人々が，何かを実現するための能力ともいえる。センは，貧困の背景には潜在能力の根本的な欠如があるとともに，潜在能力を発揮できる社会環境の不備があると考えた。

28

## 問2　16　正解は ①

① 正文。**資料1**の「ゴール・アンド・タイムテーブル方式」にあたる。

② 誤文。**資料1**の「国の推進方策」でインセンティブに言及しているが，「インセンティブの付与によって……自主的な取組を政策的に誘導する」とある。インセンティブの付与によって取り組みを義務づけることができるわけではない。

③ 誤文。**資料1**の「国の推進方策」の最終段階に取り組みの義務づけがあるが，「憲法上の平等原則，大学の自治の原則，私的自治の原則等との関係に留意する必要がある」と注意書きがある。取り組みの義務づけが憲法を優越することがあってはならない。

④ 誤文。**資料1**の「多様なポジティブ・アクションの手法」の中に，「仕事と生活の調和」とある。これは，ワーク・ライフ・バランスのことであり，**資料1**ではポジティブ・アクションの手法の一つとして紹介されている。

## 問3　17　正解は ①

① 正文。ルソー（1712 ～ 78）は，自然状態とはただ自己を愛し，他者の苦しみを憐れむだけの**争いのない理想的な状態**であると考えた。

② 誤文。**資料2**によると，「自然の不平等・身体的な不平等の存在」は，「自然が定めたもの」とある。一方，「社会的または政治的な不平等の存在」は，「ある種の取決め」によって生じ，「人々の同意」によって確立され，一部の人々が他者の犠牲の上で得る特権である。よって，自然状態では，自然の不平等・身体的な不平等の存在は否定できないが，社会的または政治的な不平等の存在は認めがたい。

③ 誤文。**資料2**では「一部の人々が他の人々を犠牲にして，この特権を享受する」とあることから，ルソーは，人類が持つ二種類の不平等のうち，社会的または政治的不平等の方に問題があると考えていると判断できる。

④ 誤文。「一部の人々の犠牲の上に成り立つべきもの」が誤り。**資料2**では，「一部の人々が他の人々を犠牲にして，この特権を享受する」という記述は，特権を享受するのが一部の人々で，その犠牲となるのがその他大勢の人々であることは許しがたいものであることを示している。

## 問4　18　正解は ①

ア　自己の斉一性の具体例である。自己の斉一性とは，自分という固有の存在に対し，

自他ともに常にその人であると認めることを表す。

イ　時間的な連続性と一貫性の具体例である。時間的な連続性と一貫性とは，以前の
　　自分も今の自分も変わらず自分であると認識することを表す。

ウ　帰属性の具体例である。帰属性とは，ある特定の社会集団に所属し，そのことを
　　自ら自覚するとともに，その成員からも認められているということを表す。

　　よって，①がこの設問の正解となる。

問5　　19　正解は①又は②又は③
　　　20　正解は解答番号19が①の場合は③
　　　　　　　　解答番号19が②の場合は⑤
　　　　　　　　解答番号19が③の場合は①

　(1)の①は，(2)の③と対応する。「配慮があることであらかじめ与えられた環境で
は実現不可能なことが可能になるかもしれない」から判断する。

　(1)の②は，(2)の⑤と対応する。「たとえ配慮がなかったとしても，自由の追求に
支障はない」から判断する。

　(1)の③は，(2)の①と対応する。「配慮をしたとしても不平等は克服できない」か
ら判断する。

　(2)の②は，(1)の選択肢文とは対応しない。「配慮が行われることによって」
は，(1)の①と対応するが，「配慮されない側の人々の自由が侵害される可能性があ
る」は(1)の①にある「マイノリティの人たちはより自由になる」と対応しない。

　(2)の④は，「配慮を行うことはそもそも不可能」とあることから，(1)の選択肢文
とは対応しない。

　(2)の⑥は，(1)の選択肢文とは対応しない。「たとえ配慮が行われていたとしても」
は(1)の③と対応するが，「配慮があるかないかによって自由になれるかどうかを論
じることはできない」とあり，マイノリティが自由になるかどうかについて判断し
ていない。

　　よって，解答番号19が①の場合は③，解答番号19が②の場合は⑤，解答番号
19が③の場合は①がこの設問の正解となる。

## □ 第4問【他者との共存】

### ねらい

　　全人類にかかわる地球規模の環境問題について，大勢の「他者」と自分の関係を
テーマに出題した。問1では，アダム＝スミスを取り上げたが，「見えざる手」に
象徴される彼の経済理論には，人間の利他的な感情への信頼があったことをおさ
えておこう。QOL と SOL を取り上げた問2では，それぞれの言葉の意味を具体
例とともに理解しておきたい。問3のレヴィナスは，ユダヤ人としての彼の経験
に着目し，思想の特徴を捉えよう。大勢の「他者」と自分にとって共通の環境問題
という課題に，ESG 投資という方法を通じてアプローチする問5では，思想家の
考え方を応用できるかが試されている。問4からの連続性のあるつくりになって
いるので，問題文をよく読もう。

### 解説

問1　　21　　正解は ④

　　文章は，**アダム＝スミス**（1723 ～ 90）の『**国富論**』の一部である。

④　アダム＝スミスは著書『国富論』の中で，個人の利己的な行動が，結果として社
　会全体の利益につながると論じたが，これは人間が実際には利他的な感情も持ち合
　わせていることを前提とした。彼は他人への共感の感情を「公平（中立）な観察者」
　と位置づけ，人間の道徳感情を前提とした経済活動により，個人と社会の利益の調
　和を実現できると考えた。

①　**功利主義**を提唱した**ベンサム**（1748 ～ 1832）の主張である。ベンサムは，外的制
　裁を意識することによって，人間は一定の規範を守ることができると考えた。ベン
　サムが唱えた四つの制裁とは，以下の通りである。自然的制裁（暴飲暴食によって
　体調不良を起こすことなど），法律的（政治的）制裁（法によって与えられる刑罰な
　ど），道徳的制裁（他人からの評価など），宗教的制裁（宗教倫理に反することへの
　恐れなど）であるが，このうちの法律的（政治的）制裁を最も重視した。

②　**社会主義**を唱えた**マルクス**（1818 ～ 83）の主張である。マルクスによると，人間
　にとって労働とは本来自己実現のための活動だが，資本主義経済のもとでは労働者
　の生み出した生産物は資本家の所有物となってしまう。また，労働力までもが労働
　者本人ではなく資本家の所有物となってしまうことから，マルクスはこれを労働疎
　外と呼んで，社会主義への移行によってのみ，労働者は疎外から解放されると唱え

た。

③ **社会進化論**を唱えた**スペンサー**（1820 ～ 1903）の主張である。スペンサーは，ダーウィン（1809 ～ 82）の進化論を人間社会に適用し，生物が環境に適応するように，人間と社会の対立関係はやがて解消されていき，最終的には国家が解体して無政府状態に至ると考えた。

問2　　22　正解は ②

　　**QOL**（**生命の質**, quality of life）とは，医療は患者本人の生命や生活の質に配慮して行うべきだとする考え方で，**SOL**（**生命の尊厳**, sanctity of life）は生命には絶対的な価値があるとする考え方である。従来，医療の現場では SOL の考え方から生命の維持が最優先されてきたが，近年になり，残された時間をどのように過ごすかは本人の意思によって決定されるべきだとする QOL の考え方が広がった。自分の死のあり方についてあらかじめ意思表示をしておく**リヴィング＝ウィル**も注目されている。一方で，科学技術の発達が様々な方法で人間の生命への介入を可能にしたが，どこまでの介入を許容するかをめぐり議論になっている。

② 「延命措置」は SOL の考え方に立脚する。しかし，「延命措置によって苦痛が長引くことを本人が望んでいない」，「尊厳死や安楽死などを選択肢に入れるべきだ」という記述から，QOL が優越していることがわかる。QOL の考え方によると，回復が見込めず，かつ治療により本人が苦痛を訴える場合，治療の打ち切りや尊厳死，場合によっては安楽死の正当性が主張される。なお，安楽死については，厳しい基準を設けて導入した国もあるが，日本では導入されていない。

① 人工妊娠中絶は，医療の介入により妊娠を中断することで，日本においては母体保護法にもとづいて実施される。生命は侵すことのできない絶対的な価値を持つと考える SOL の立場からは，人工妊娠中絶は行われるべきでないとの主張がされている。アメリカでは SOL の立場から人工妊娠中絶に反対することを「プロライフ」，QOL の立場から人工妊娠中絶を許容することを「プロチョイス」といい，しばしば政治の争点となっている。

③ 遺伝子検査を選択できるとしても，「どんな条件であっても生まれてくる命を受け入れる」の記述に SOL の考え方が現れている。出生前診断などにより胎児の健康状態を知ることができるようになったが，出生前診断の結果を受けて妊娠を中絶することは，生命の選別にあたるのではないかとの指摘がある。

④ 「手術は怖いからと拒否しようとした」は患者の側の QOL に立脚した主張だが，

「救命のために緊急手術を実施した」の記述には SOL の考え方が現れている。

問3　　23　　正解は⑥

　空欄アには，**b** の**レヴィナス**（1906 〜 95）が当てはまり，空欄イの **e** の記述と対応する。レヴィナスは，他者を自己の理解を超えた存在と定義づけ，自己意識に取り込むことができないもの，すなわち自己とは絶対的に違う存在だとした。他者は「顔」として自己に無言で迫り，貧困や暴力，死の恐怖などの表情をもって訴えかけてくる。こうした倫理的な訴えに対し，私（自己）には応答する責任があるとした。レヴィナスの思想は難しく感じられるが，ユダヤ人として二度の世界大戦をヨーロッパで生き延びた経験から，人間とは自分を中心とした世界の中で，他者からの訴えには耳をふさぎ暴力的に振る舞う存在だという問題意識があることを理解したい。

　空欄アのもう一つの選択肢 **a** の**サルトル**（1905 〜 80）は，空欄イの **d** の記述と対応する。サルトルは，人間とは自らのあり方を自由に選択する存在であるとし，自らの選択に全面的に責任を持たなくてはならないと論じた。自分の選択が人類全体に影響を及ぼす可能性があることを踏まえ，社会への参加（**アンガージュマン**）を通じて人間は人類の運命に参加するのだと説いた。なお，空欄イの選択肢 **c** の記述は，**シュヴァイツァー**（1875 〜 1965）の**生命への畏敬**の考え方である。シュヴァイツァーは，キリスト教の精神にもとづいてアフリカで医療活動に従事した。音楽家としても知られる。

　よって，⑥がこの設問の正解となる。

問4　　24　　正解は③

　**ア**は**カント**（1724 〜 1804）の**定言命法**にもとづく考え方である。カントは，「人に親切にしなくてはならない」という良心に無条件に従うことと，人から良い評価を受けたいという条件のもと「人に親切にしなくてはならない」と考えることを明確に区別した。前者を定言命法，後者を**仮言命法**といい，仮言命法には普遍性がないとして仮言命法にもとづいた行為を否定した。

　**イ**は**クーン**（1922 〜 96）の**パラダイムの転換**（パラダイム = シフト）にもとづく考え方である。クーンによると，科学の進歩とは，小さな変化の積み重ねの結果ではなく，理論的な枠組みの変換によって起こる。中世のスコラ哲学を中心とした世界観は，自然科学によっては説明できない多くのことを抱えていたため，自然科学

の進展とともに否定された。パラダイムの転換の一例である。

　**ウ**は**ハーバーマス**（1929 ～）の「生活世界の植民地化」と，それを克服するための**対話的理性（コミュニケーション的理性）**にもとづく考え方である。ハーバーマスによると，人間は社会の効率化のために政治や経済などのシステムを構築したが，結果としてこうしたシステムに生活世界が支配されてしまったと論じた。人間は社会的な統合を失い，社会参加の意識も失ってしまったが，人々が対等な立場で討論を重ね，合意を形成しようとするコミュニケーション行為によって，生活世界の再統合を目指すことができると説いた。

　よって，**③**がこの設問の正解となる。


問5　　25　　正解は **①**

① 　**人間の安全保障**とは，国家間の安全保障の考え方では守られない個人の人権や安全を守ろうとする考え方で，1994 年に，国連開発計画（UNDP）で初めて取り上げられた。貧困や自然災害，感染症，経済危機など国境を越えた脅威に対しては，一人ひとりの人間に焦点をあてて，生命や生活を守ろうとする概念である。

② 　問4で取り上げた**クーンのパラダイムの転換**にもとづく考え方である。ESG という概念の登場によって，温室効果ガス排出量の多い企業からは投資を引き揚げるというダイベストメントの動きが起こった。新しい概念が登場することで，現在当たり前とされていることが否定され，まったく新しい社会が現れるかもしれないという考えが導かれている。

③ 　問4で取り上げた**ハーバーマスの対話的理性（コミュニケーション的理性）**により，人々が合意形成に向けて対話を続けることの重要性を論じている。ESG 投資が仮に人類にとって有効に作用するしくみになったとしても，人々はそのしくみに自分たちの生活を委ねてしまってはならず，主体的な社会参加の姿勢を失ってはいけないという主張が表れている。

④ 　問4で取り上げた**カントの定言命法**にもとづく考え方である。ESG 投資が結果としてもたらす利益ではなく，ESG 投資の持つ道徳的かつ普遍的な価値によって制度設計を行うべきであるという考え方が表れている。

　　なお，**資料**中にあるグリーンウオッシュとは，環境に配慮されたビジネス，あるいは商品であることを装い，その宣伝効果を得ようとすることである。環境への配慮がされていないにもかかわらずエコをイメージさせるデザインが施されている商品などがその一例である。

# 解答解説 第2回

概観講義

出演：清水雅博先生

| 問題番号(配点) | 設問 | 解答番号 | 正解 | 配点 | 自己採点① | 自己採点② |
|---|---|---|---|---|---|---|
| 第1問 (28) | 問1 | 1 | ① | 3 | | |
| | 問2 | 2 | ③ | 3 | | |
| | 問3 | 3 | ② | 3 | | |
| | 問4 | 4 | ③ | 3 | | |
| | 問5 | 5 | ③ | 3 | | |
| | 問6 | 6 | ④ | 3 | | |
| | 問7 | 7 | ④ | 3 | | |
| | 問8 | 8 | ② | 3 | | |
| | 問9 | 9 | ⑤ | 4 | | |
| | 小計（28点） | | | | | |
| 第2問 (15) | 問1 | 10 | ④ | 3 | | |
| | 問2 | 11 | ⑦ | 3 | | |
| | 問3 | 12 | ③ | 3 | | |
| | 問4 | 13 | ② | 3 | | |
| | 問5 | 14 | ③ | 3 | | |
| | 小計（15点） | | | | | |

| 問題番号(配点) | 設問 | 解答番号 | 正解 | 配点 | 自己採点① | 自己採点② |
|---|---|---|---|---|---|---|
| 第3問 (16) | 問1 | 15 | ④ | 3 | | |
| | 問2 | 16 | ② | 3 | | |
| | 問3 | 17 | ② | 3 | | |
| | 問4 | 18 | ④ | 3 | | |
| | 問5 | 19 | ① 又は ② 又は ③ | なし | | |
| | | 20 | 解答番号19が①の場合は③ 解答番号19が②の場合は② 解答番号19が③の場合は⑤ | 4 | | |
| | 小計（16点） | | | | | |
| 第4問 (16) | 問1 | 21 | ① | 3 | | |
| | 問2 | 22 | ② | 3 | | |
| | 問3 | 23 | ⑤ | 3 | | |
| | 問4 | 24 | ⑤ | 3 | | |
| | 問5 | 25 | ② | 4 | | |
| | 小計（16点） | | | | | |
| 合計（75点満点） | | | | | | |

※共通テストで「公共，倫理」を解答科目にする場合は，試験の定める条件に合わせて大問1～4すべてを解答してください。配点は75点です。

※ぜひ，同シリーズの『公共』も合わせて演習してください。

# 第2回 実戦問題

## □ 第1問【源流思想～西洋近現代思想】

### ねらい

　　新しい価値観との出合いについての会話を軸に，源流思想から西洋近現代思想まで幅広く扱った。問2では，プロタゴラスやプロティノスなども出題し，問3では，アリストテレスの正義の分類について問うた。思想家の名前とキーワードだけでは正解するのが難しい問題もあるので，暗記ではなく理解を心がけよう。問4では，イスラームについてやや細かい知識を出題した。問6では，時代ごとに異なるキリスト教へのアプローチを見分けることが求められる。レヴィ＝ストロースを扱った問8は，資料をていねいに読まないと正解を導くのが難しい。問9では，弁証法の理解の度合いが試されている。

### 解説

**問1　1　正解は①**

① 古代アーリア人の民族宗教である**バラモン教**は，天・地・太陽・風などの自然神を崇拝する多神教であり，司祭階級のバラモンにより祭祀が行われた。司祭階級のバラモンは絶対的権威者と位置づけられ，ヴァルナ（カースト）制度を正当化した。前6～前5世紀頃にインドの商工業が発展すると，庶民の経済力の高まりとともに固定的なヴァルナ（カースト）制度や祭式至上主義をとるバラモン教に否定的な自由思想家たちが台頭し，『ヴェーダ』の権威が弱まっていく。その代表者が**ジャイナ教**の創始者ヴァルダマーナ（マハーヴィーラ）（前549頃～前477頃）や，仏教の創始者**ガウタマ＝シッダールタ**（ブッダ）（前463頃～前383頃（前563頃～前483頃など諸説あり））である。

② バラモン教の祭祀中心主義を批判した有力な六人の自由思想家を仏教では**六師外道**と呼ぶ。過去七仏とはガウタマ＝シッダールタ以前にも六人のブッダが存在したという仏教の教えであり，六人のブッダにガウタマ＝シッダールタを加えたものである。

③ ジャイナ教の開祖ヴァルダマーナは，バラモン教の祭祀中心主義を批判し『ヴェーダ』の権威を否定した。しかし，仏教やジャイナ教にはバラモン教の**業**や**輪廻**の思想が継承されている。

④ 9世紀初頭には現在の形のヒンドゥー教が成立した。それまでアショーカ王（生没年不明，在位前268頃～前232頃）やカニシカ王（生没年不明，在位130頃～170

頃）の庇護のもと栄えてきた**仏教**にかわり，**ヒンドゥー教**がインドの民衆に受容されていく。

整理▷**古代インドの思想**

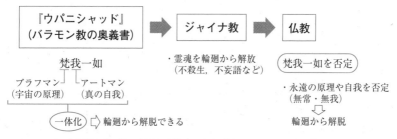

【共通項】業→輪廻（業＝因縁／前世→現世→来世）

問2　2　正解は③

ア　「**情念（パトス）**に煩わされない**不動心（アパテイア）**を実現」することで心静かな境地に至ると考えたのは，**ストア派**の創始者**ゼノン**（前335頃〜前263頃）である。ゼノンは，**禁欲的**な生活態度から道徳的・宗教的な理想の境地に到達できると考えた。

イ　「**善美の事柄（カロカガティア）**の追究こそ哲学の目的である」と主張したのは**ソクラテス**（前469頃〜前399）である。ソクラテスの「**善く生きる**」という言葉は，魂に配慮した善美を追究する姿勢のことである。

ウ　「**人間は万物の尺度である**」と論じたのはソフィストの**プロタゴラス**（前480頃〜前410頃）である。**相対主義**に立って物事に普遍的な基準はないと考え，ゆえに巧みな**弁論術**によってあらゆる主張を真理とすることができるとしたが，行き過ぎた弁論術は詭弁として批判された。

エ　「物事の判断基準はそれぞれの人により異なるため，各人が各人の判断により，それぞれの真理を求めるべきである」と主張したのはプロタゴラスである。プロタゴラスをはじめとするソフィストたちは，客観的で普遍的な真理は存在しないとし，社会秩序の基盤となる善や悪などの価値観には根拠がないとした。このような考え方を相対主義という。一方，ソフィストを批判したソクラテスは，人間の生き方にかかわる普遍的な価値観があるとして，これを探究した。

オ　「飢えや渇きなどの肉体的苦痛や死への恐れなどから解放された魂の平静を実現するべき」とは，**エピクロス**（前342頃〜前271頃）によって説かれた快楽主義で

ある。エピクロスの説く快楽主義では，享楽的・肉体的な快楽を追求するのではな
く，心静かな平安の**境地（アタラクシア）**を快楽と捉えている。

カ　万物は「超越的な存在である一者」から流れ出ると考えたのは，**プロティノス**
（204～270）である。プロティノスは，プラトン（前427頃～前347頃）の思想を
もとに，アリストテレス（前384～前322）やストア派の学問，キリスト教の神秘
主義などを取り込んだ新プラトン派（新プラトン主義）の思想を確立した。

　よって，**ウ**と**エ**がプロタゴラスの思想となるため，③がこの設問の正解である。


**問3**　　3　　正解は②

　**アリストテレス**は，人間は共同体の中で生きる性質を持つと考え，「**人間はポリス
的（社会的・国家的）動物である**」と定義した。その上で，共同体での生活に欠か
すことのできない徳として**正義**の徳を重視した。しかし，アリストテレスは，正義
に即して生きることだけで共同体が保たれるわけではないと考え，人々の心をつな
ぎ合わせるための**フィリア（友愛）**も重視した。

ア　**調整的**が入る。調整的正義とは，裁判などを通じて利害当事者どうしの調整を実
現することである。

イ　**配分的**が入る。配分的正義とは，能力や業績に応じた報酬が配分されることであ
る。

ウ　**全体的**が入る。全体的正義とは，社会の法や規範を遵守することであり，共同体
においてその成員全員が守るべき正義といえる。

　よって，②がこの設問の正解である。


整理▷アリストテレスの正義と友愛

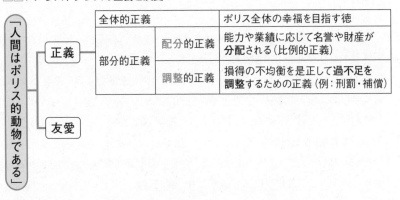

| 「人間はポリス的動物である」 | 正義 | 全体的正義 | | ポリス全体の幸福を目指す徳 |
| | | 部分的正義 | 配分的正義 | 能力や業績に応じて名誉や財産が**分配される**（比例的正義） |
| | | | 調整的正義 | 損得の不均衡を是正して**過不足を調整する**ための正義（例：刑罰・補償） |
| | 友愛 | | | |

問4　[ 4 ]　正解は ③

　　**ア**は誤り。ムハンマド（570 頃〜632）は，自らを神の啓示を受けた最後で最大の**預言者**と自覚し，唯一絶対の神アッラーへの信仰を説いた。自らを神の子と自覚したわけではない。

　　**イ**は誤り。ムハンマドは，唯一神アッラーへの信仰と神の前での万人の平等などを説いたため，当時のメッカで支配的だった多神教の宗教的権威や大商人たちから迫害を受け，**メディナ**に逃れた。この出来事を**聖遷（ヒジュラ）**といい，聖遷が行われた 622 年がイスラーム暦の元年とされている。

　　**ウ**は正しい。**シャリーア（イスラーム法）**とは，ムスリム（イスラーム教徒）が守るべき規範を定めたもので，宗教儀礼から日常生活までの幅広い行いが体系化されたものである。シャリーアは，ムハンマドの言葉や行いである**スンナ**と，イスラーム教の聖典『**クルアーン（コーラン）**』に，イスラーム法学者の解釈を加えて定められている。

　　**エ**は誤り。イスラーム教では**偶像崇拝が禁じられている**。偶像とは，神や預言者などをかたどった像や絵画などのことで，イスラーム教ではアッラーやムハンマドの偶像を作ることは許されない。

　　**オ**は正しい。『旧約聖書』に登場するアダムやノア，アブラハム，モーセのほか，イエス＝キリスト（前 7 頃／前 4 頃〜後 30 頃）も預言者とされているが，ムハンマドは彼らの最後に現れた最大の預言者とされている。

　　よって，**ウ**と**オ**が正しいので，③がこの設問の正解である。

問5　[ 5 ]　正解は ③

③　オランダの歴史家**ホイジンガ**（1872 〜 1945）による**ホモ＝ルーデンス（遊ぶ人，遊戯人）**の説明である。人間は生活から解放されて自由に遊びを楽しむ中から様々な文化を形成してきたという。**カッシーラー**（1874 〜 1945）はドイツの哲学者で，人間は言語や記号などのシンボル（象徴）を使う**ホモ＝シンボリクス（アニマル＝シンボリクム，シンボルを操る動物，シンボル的動物，象徴的動物）**であるとした。

①　**リンネ**（1707 〜 78）はスウェーデンの植物学者である。生物の分類体系を作る際に，人間を**ホモ＝サピエンス（英知人）**と命名した。

②　フランスの思想家**ベルクソン**（1859 〜 1941）による**ホモ＝ファーベル（工作人）**の説明である。自然界には道具を使う動物は存在するが，道具を加工して作るのは人間だけだとされている。

④ 人間は利己心にもとづいて自己の利益を最大化しようとする**ホモ゠エコノミクス
（経済人）**だとしたのは，イギリスの経済学者**アダム゠スミス**（1723 〜 90）である。

問6 　6 　正解は ④
　　資料1は，**ピコ゠デラ゠ミランドラ**（1463 〜 94）の『人間の尊厳について』である。

④ 　ピコ゠デラ゠ミランドラは，ルネサンス期のイタリアで活躍した人文主義者で，
神は人間に**自由意志**を与えたと考えた。**資料1**では，神は人間に「ありとあらゆる
種類の生活の種と芽」を与え，それらは人間の意志によって植物になったり動物に
なったりするとある。中世ヨーロッパの世界観では，人間には神の導きが必要だと
考えられていたが，ルネサンスを経て，人間には自由意志があるとする考え方が支
配的になっていった。こうした考え方を**ヒューマニズム（人文主義，人間中心主義）**
という。

① 　**モラリスト**として知られる**モンテーニュ**（1533 〜 92）に関する記述である。モン
テーニュは，ソクラテスの「無知の知」にならい，自分が無知であることを前提に，
独断や偏見を排除することを重視した。宗教戦争の時代でもあり，新旧キリスト教
が激しく対立していたが，両者の主張を相対化し偏見なく理解しようとする謙虚な
姿勢を貫いた。人間は常に真理を探究する道の途中にいることから，「**ク゠セ゠ジュ
（私は何を知るか）**」という疑問が人間の命題であるとした。主著は『エセー』（『随
想録』）である。

② 　古代キリスト教会における**最大の教父**といわれる**アウグスティヌス**（354 〜 430）
に関する記述である。キリスト教の教義を理論化し教父哲学を確立した。世界の歴
史は神の愛にもとづく「神の国」と，人間の自己愛にもとづく「地上の国」の闘争
であると考え，教会は「神の国」の代表として存在しているとした。父・子・聖霊
の**三位一体説**を唱え，パウロ（？ 〜 60 以後）が述べたキリスト教の三元徳（信仰・
希望・愛）をギリシアの四元徳（知恵・勇気・節制・正義）の上位にある重要な徳
であると位置づけた。著書『**告白**』では，マニ教や懐疑論に傾倒したが最終的にキ
リスト教に回心した自身の精神的遍歴を告白した。

③ 　スコラ哲学を大成した**トマス゠アクィナス**（1225 頃〜 74）に関する記述である。
主著は『神学大全』。信仰の真理と理性の真理は相反するものではなく調和するもの
として，アリストテレス哲学によって信仰を基礎づけた。理性を持つ人間が神の摂
理に参画するという自然法的な信仰のあり方を学問的に体系化して，神学を完成さ

せた。スコラ哲学の代表的な哲学者には他に，ロジャー＝ベーコン（1214頃〜94）
やウィリアム＝オッカム（1285頃〜1349頃）などがいる。

**問7** ⬜7 正解は ④

**ア** 誤文。エスノセントリズム（自民族中心主義，自文化中心主義）についての説明
である。自民族の文化や価値観を他民族に強制する同化政策につながり，極端な場
合には少数民族に対する**民族浄化（エスニック＝クレンジング）**につながることも
ある。例えば，オーストラリアの**白豪主義**（白人による先住民アボリジニなど少数
民族への同化政策），中国の多数民族（漢族）による**チベット民族への同化政策**など
がある。サイード（1935〜2003）は，西洋中心のオリエンタリズムやエスノセント
リズムを帝国主義的だとして批判した。

**イ・ウ** 正文。「西洋」と「東洋」という対立の枠組みにおいて，近代西欧社会が「西
洋」を優位に位置づけ，「東洋」を後進的と考える思想を，サイードは**オリエンタリ
ズム**と呼んだ。アジアに対する植民地支配はオリエンタリズムによって正当化され
たと主張し，独立後もなお残る抑圧や偏見をポストコロニアリズムの思想から明ら
かにした。

**エ** 正文。サイードはパレスチナ出身の文学研究家・文明評論家である。パレスチナ
問題に関しても積極的に発言し，パレスチナ人とユダヤ人が共生する国家の建設を
主張した。クラシック音楽の愛好家としても知られ，アラブ諸国とイスラエルの音
楽家たちによる管弦楽団を創設している。

　　よって，**イ**と**ウ**と**エ**が正しく，**④**がこの設問の正解となる。

**問8** ⬜8 正解は ②

　　**資料3**は，レヴィ＝ストロース（1908〜2009）の『野生の思考』の一部である。

**ア** 正文。**資料3**では，野性の思考と文明の思考を「一方で最高度に具体的，他方で
最高度に抽象的」とし，そのアプローチを「感覚的特性の角度と形式的特性の角度」
と述べている。そして，これら「二つの道」を「正方向」の知，すなわち人類にとっ
て普遍的な知のあり方であると捉えている。

**イ** 誤文。「野生の思考と文明の思考はともに新石器時代をその開花期とする」が誤
り。**資料3**では，野生の思考が新石器時代に開花したと論じている。

**ウ** 誤文。**資料3**によると，「農耕や牧畜といった文明の諸技術」は具体的かつ感覚的
な知であり，「現代科学」は抽象的かつ形式的な知であるとしており，これらは合流

することなく別々に，しかし「どちらも正方向の」知を作り出したとしている。

エ　正文。**資料３**によると，「農業，牧畜，製陶，織布，食物の保存と調理法などの文明の諸技術」は，「今もわれわれの基本的欲求に与えている知」，すなわち人間の基本的欲求を満たす働きをするものであり，抽象的かつ形式的な知は現代科学の淵源となっていると説明している。その上で，これら「二つの道」は「どちらも正方向の」の知を作り出したとしている。

　　　よって，**ア**と**エ**が正しいので，**②**がこの設問の正解である。

## 問9　　9　　正解は⑤

ア　**全体性**が入る。ヘーゲル（1770〜1831）は，愛情で結ばれた家族は**全体性（一体性）**を持ち，個人からなる市民社会は**個別性**を持つとした。市民社会では個人の利益が追求されるが，人々の結びつきはなく**人倫**は失われている。そこで，家族の持つ全体性（一体性）と，市民社会の持つ個別性を総合（**止揚**）した国家において，人倫が完成すると考えた。

イ　**石田梅岩**（いしだばいがん）（1685〜1744）が入る。石田梅岩は江戸時代中期の思想家で，庶民向けに正直（せいちょく）や倹約（けんやく）などの平易な生活哲学（**心学，石門心学**）（しんがく，せきもんしんがく）を説いた。士農工商の身分秩序の中で，生産を行わない商人は最も低い身分に甘んじていたが，石田梅岩は商売によって得る利益は武士の俸禄と何ら変わらないと主張し，商人にも社会的な役割があることを説いた。**安藤昌益**（あんどうしょうえき）（？〜1762）は，石田梅岩と同時代の医師であり思想家である。安藤昌益は武士の支配する社会秩序を**法世**（ほうせい）と呼んで批判し，すべての人が農業に従事し（**万人直耕**）（ばんじんちょっこう）身分差別のない**自然世**を理想の社会だとした。

ウ　**内部に矛盾を含む**が入る。ヘーゲルの弁証法では，あらゆる存在（**正**）は内部に矛盾を含んでおり，ある時これが相反するもの（**反**）として現れる。両者の矛盾や対立を解消するために両者を総合（**止揚**）すると，より高次のもの（**合**）となって現れるとする。このように，すべてのものはその内包する矛盾を自己否定しつつ発展していくと考えるのが，ヘーゲルの弁証法である。

　　　よって，**⑤**がこの設問の正解である。

整理 ▷弁証法と人倫

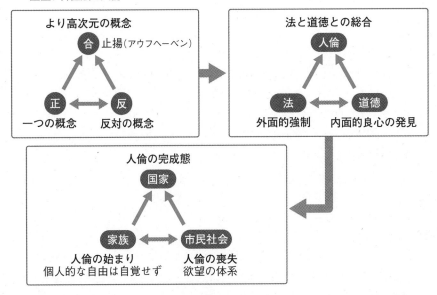

## ねらい

　　死生観をめぐる会話から，中国思想について出題した。問1では，源流思想に
登場する思想家たちが愛をどのように論じたかが問われている。条件のある愛を
説いたのか，無条件の愛なのか，条件がある場合には何を条件としたのかなど，
用語とともに理解しておきたい。問2では，仏教の分派と伝播についてやや詳し
い知識を扱った。朱子（朱熹）と王陽明を出題した問3では，両者がどのように対
比されるのかを把握しておきたい。問4と問5は，基本的な知識と資料の読み取
りの組合せとなっている。

## 解説

**問1** 　10　正解は ④

④ 正文。ブッダの説く愛は，キリスト教においてイエスの説く人類愛と同じく無差
別の愛だが，**輪廻**の考え方に立脚する仏教では，その対象は人間にとどまらず**あ
らゆる生き物**へと広がる。

① 誤文。プラトンは，感覚ではなく理性によってのみ捉えることができる普遍的な
**イデア**へのあこがれを，**エロース**と呼んだ。エロースとは，善美なるものに対する
精神の欲求である。

② 誤文。イエスの説く愛は**隣人愛**であり，神の愛（**アガペー**）のような無償の愛で
ある。プラトンのエロースが善美なるものへの思慕であるのとは対照的に，イエス
の愛は無差別な**人類愛**である。

③ 誤文。孔子（前551頃〜前479）の説く愛は，家族への自然な愛情を基本とする
**仁**を同心円的にすべての人間関係に拡大した心情である。キリスト教の無差別の愛
とは異なり，親に対する愛情を基本とする**孝**，目上の兄に対する愛情を基本とする
**悌**を本質とする**仁愛**である。

**問2** 　11　正解は ⑦

ア　ブッダの死後，教団はブッダの教えについての解釈をめぐり，戒律を厳格に守ろ
うとする**上座部**と，進歩的な**大衆部**とに分裂した。両者はさらに分派を繰り返し，
**部派仏教**が成立した。紀元前1世紀頃になると，大衆部は出家信者と在家信者の区
別なく，自己の利益（**自利**）よりも他者の救済（**利他**）を優先しようとする**菩薩**の

生き方を理想とする**大乗仏教**へと変化した。一方，上座部では，厳しい修行を完成させ，出家信者が到達できる最高の位である**阿羅漢**を目指すことが理想とされた。大乗仏教は中国や朝鮮半島を経由して日本などに伝わったので**北伝仏教**と呼ばれ，上座部仏教はおもに東南アジアへ伝わったので**南伝仏教**と呼ばれる。

イ　大乗仏教では，２世紀頃の南インドに**ナーガールジュナ**（**竜樹**）（150頃〜250頃）が現れ，この世のすべては様々な原因や条件が集まって現象として現れているものだとする「**空**」の思想を説いた。この「空」の思想は，**中観派**として受け継がれ，後に**アサンガ**（**無着・無著**）（４世紀頃）と**ヴァスバンドゥ**（**世親**）（４〜５世紀頃）兄弟によって確立する**唯識思想**（**唯識学派**）とともに大乗仏教の二大学派を形成する。ナーガールジュナの「空」の思想はすべての事象は縁起によって成立するとしたが，アサンガとヴァスバンドゥらはすべての物事は心によって生み出される表象であると考えた。

ウ　自分の力で悟りを開いて解脱を目指すことを重視し，修行者の最高位である阿羅漢を目指す上座部仏教に対し，ブッダの慈悲と利他の精神を重視すべきと考える大乗仏教では，自分のみの救いではなくすべての生き物（**一切衆生**）の救済を目指す菩薩のあり方が理想であると考えられた。大乗とは「大きな乗り物」という意味で，大乗仏教が大きな乗り物（船）に乗ってみなが極楽浄土に往生できるという考え方であるのに対し，上座部仏教は厳しい修行に耐えた者だけが小さな乗り物（船）に乗って極楽浄土に往生できると考えることから，大乗仏教側から批判的に見て小乗仏教とも呼ばれる。

　　　よって，**⑦**がこの設問の正解である。

問３　12　正解は③

**王陽明**（**王守仁**）（1472〜1528）は，心は理そのものである（**心即理**）と考え，人間に先天的に備わっている善悪の判断能力である良知を完全に発揮することを「**致良知**」と呼んだ。一方，**朱子**（**朱熹**）（1130〜1200）が唱えた**理気二元論**によると，世界は，万物を貫く原理である理と，万物の物質的な素材である気によって構成されており，理は気の働きに秩序を与えているという。朱子はこの原理が人間にも当てはまると考え，理は天からもたらされた人間の本性（**性即理**）であるにもかかわらず，人間は気による私欲によってその本性を発揮できずにいるという。これを克服するために，人間は私欲を抑え本性である理に従い（**居敬**），事物に宿る理を探究（**窮理**）することに務めるべきだとした。この**居敬窮理**は朱子学の学問と修

養の方法として重んじられており，窮理によって万物をつかさどる理法を悟ることを**格物致知**（かくぶつちち）という。また，王陽明は知ることと行動することとは，その根本を同じ良知とすると考え（**知行合一**（ちこうごういつ）），知っているということはすなわち実践できることだと論じた。朱子学が論理的であるのと対照的に，陽明学は実践的である。

　　よって，③が朱子の居敬窮理の説明であり，朱子への批判ではないので，この設問の正解である。

**整理▷朱子学と陽明学**

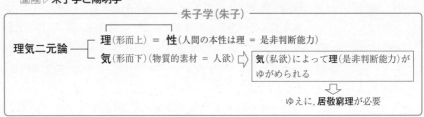

```
──────────────── 朱子学(朱子) ────────────────
              ┌─ 理(形而上) ＝ 性(人間の本性は理 ＝ 是非判断能力)
理気二元論 ──┤
              └─ 気(形而下)(物質的素材 ＝ 人欲) ⇒  気(私欲)によって理(是非判断能力)が
                                                    ゆがめられる
                                                         ⇓
                                            ゆえに，居敬窮理が必要
───────────────────────────────────────────────

──────────────── 陽明学(王陽明) ────────────────
哲学  心即理(唯心論)(情欲を含む人間の自然の心が理)
         ⇓
      知行合一(知と実践の両方を重視 ＝ 人が本来的に持つ良知(是非判断能力)を実践すること)
         ⇓
実践  致良知(良知を発揮するあり方)
```

**問4** 　13　正解は②

② **性善説**を主張した**孟子**（もうし）（前372頃～前289頃）は，人間は生まれながらに惻隠（そくいん）の心，羞悪（しゅうお）の心，辞譲（じじょう）の心，是非（ぜひ）の心を備えており，これらを養い育てることで仁・義・礼・智の**四徳**を備えた人格が完成するとした。**資料1**にある「四つの端緒」を四端という。

① 孟子は仁徳を持った為政者が国を治める**王道**を説いた。覇道（はどう）は仁政を装いながら武力をもって民衆を支配することである。

③ 前半は，礼儀作法や習俗など聖人が定めた礼によって民衆を治めようとする**荀子**（じゅんし）（前298頃～前235頃）の**礼治主義**の説明であり正しいが，後半の**資料2**は，人間の悪の本性は人為的に矯正（きょうせい）できるという内容である。荀子は，教師による教育や儒教的な道徳心の修養などによって人格を高められると考えた。

④ 前半は，荀子の正しい説明。後半は**資料2**の誤った読み取り。

問 5　　14　　正解は ③

　　資料 3 は，老子（生没年不詳。前 5 〜前 4 世紀頃の人物と推定される）の「柔弱
謙下」に関する記述である。老子は，無為自然の道（タオ）に従い，柔和で人と争
わない謙虚な態度や生き方を理想とした。「上善は水のごとし」とは，このような
生き方を示す言葉である。

　　メモでは，老子の「無為自然」を自然のままの植物としてのトマトに当てはめて
考察している。「無為自然」は，作為をなさず（無為），万物をありのまま（自然）
に生み育てる道の働きを指す。

　　よって，③ がこの設問の正解である。

整理 ▷ おもな諸子百家

| 名称 | 思想内容 | 思想家 |
|---|---|---|
| 儒家 | 仁の思想 | 孔子→孟子（性善説），荀子（性悪説） |
| 墨家 | 兼愛，非攻 | 墨子 |
| 法家 | 法治主義 | 商鞅→韓非子 |
| 道家 | 無為自然 | 老子→荘子 |
| 兵家 | 軍略，戦略 | 孫子，呉子 |
| 名家 | 論理学 | 公孫竜 |
| 農家 | 君臣並耕 | 許行 |
| 縦横家 | 外交論 | 蘇秦，張儀 |
| 陰陽家 | 陰陽五行説 | 鄒衍 |

## □ 第3問【インターネット社会の諸問題】

### ねらい

2016年にアメリカで起きたプラットフォーム企業を訴えた裁判を題材に，インターネットをめぐる様々な問題を取り上げた。問1は，情報化社会にまつわる用語とその意味の確認問題である。問2は，資料の読み取り能力を試している。選択肢文と資料の内容をていねいに照合し，正解を絞り込みたい。問3では，「フィルターバブル」について資料を用いて出題した。比較的新しい概念だが，アルゴリズムなどと合わせて理解しておきたい。精神分析学者について出題した問4は，情報量が多いが，正確な知識が求められている。組合せ問題となっている問5では，提示されている条件とその論拠を結びつけていく。これまでの会話文などで示されたプラットフォーム企業をめぐる考え方を参考にしたい。

### 解説

**問1** 　15　 正解は ④

④　正文。**情報化社会**とは，モノの生産よりも，情報の生産や伝達がより大きな価値を持つ社会のことである。人類の産業は，農業から工業への発展過程を経て，情報による産業が営まれる段階へ発展してきた。脱工業化社会とは，アメリカの社会学者ダニエル＝ベル（1919〜2011）による定義である。

①　誤文。**知的財産権**とは，人間の創造的活動が生み出すものに対して認められる権利であり，「人間のあらゆる活動が生み出すもの」に認められるものではない。独創的なデザインや画期的なアイディア，商標などが該当し，特許権，意匠権，商標権，著作権などに大別される。

②　誤文。**プライバシーの権利**は，かつて「私生活をみだりに公開されない権利」と説明されていたが，近年では「自分の情報をコントロールする権利」（情報プライバシー権）も加えて理解されるようになった。個人情報の保護の観点から，自分の情報へのアクセスをコントロールする権利も加えなければ，プライバシーは守られないと考えられるようになった。

③　誤文。**ステレオタイプ**とは，人々の持つ固定観念のことであり，物事を固定的なパターンで認識することをいう。アメリカのジャーナリストのリップマン（1889〜1974）は，人間の行動は現実の環境への反応ではなく，ステレオタイプをもとに構築される頭の中のイメージへの反応だと考えた。

## 問2 ☐16☐ 正解は②

② **資料1**によると，「司法長官の権限において，国家の安全を脅かす行為に関与していると信ずる合理的な理由のある外国人を，無令状で拘束できる」とある。しかし，通信傍受を行う場合には「令状で特定された容疑者について」と特定がある。

① **資料1**によると，プラットフォーム企業は，「有害または違法なコンテンツを削除したとしても，責任を問われない」とあることから，有害または違法なコンテンツを削除する権限を持つと判断できる。

③ **資料1**によると，民主党が懸念を示しているのは，プラットフォーム企業が「通信品位法第230条」によって広範に免責されていることについてである。

④ **資料1**によると，共和党が懸念を示しているのは，プラットフォーム企業が政治的発言について検閲を行うことについてである。

## 問3 ☐17☐ 正解は②

② 正文。テレビや新聞，雑誌など従来のメディアは，自分で選択して視聴，購読することができるが，アルゴリズム（問題解決に至る時間や容量を最小化する考え方）は利用者の知らないところで利用者の特徴を分析し，情報を提供するという情報サービスを加速させてしまう。従来のメディアを利用する場合，利用者はフィルターを自分で選択できるが，アルゴリズムが介在するメディアにおいては，利用者は自分の接する情報にどのようなフィルターがどの程度かかっているのかを知ることができない。**資料2**の「望むと望まざるとにかかわらず見たい情報が優先的に表示され，利用者の観点に合わない情報からは隔離され」る状況が，利用者の意思とは別に，アルゴリズムによって自動的に作り出されている。

① 誤文。フィルターバブルの問題点は，一人ひとりが孤立していることである。「特定の種類の情報にしかアクセスできなくなり，集団として孤立してしまう」ことは，ソーシャルメディアなどで起こるエコーチェンバー現象に近い。**エコーチェンバー現象**とは，似たような意見を持つ人どうしがソーシャルメディアなどを通じてつながり，同じような意見が集団の中で増幅する現象をいう。偏った意見が先鋭化しやすいことや，社会の分断などが懸念されている。

③ 誤文。アルゴリズムが自動的に情報を選別することで，「個々のユーザーにとっては望むと望まざるとにかかわらず見たい情報が優先的に表示され」る。アルゴリズムは，利用者が何らかの情報にアクセスしようとした時に，それを妨げる機能を持

つものではない。

④ 誤文。「アルゴリズムは客観的事実を選別して優先的に表示する」が誤り。アルゴ
リズムは，「利用者個人の検索履歴やクリック履歴を分析し学習」したことをもと
に，情報を提供している。

問4 ┃ 18 ┃ 正解は ④

④ 誤文。**文化価値的類型**を行ったのはドイツの**シュプランガー**（1882 ~ 1963）であ
る。アメリカのオルポート（1897 ~ 1967）は，神経症などを研究していたフロイト
（1856 ~ 1939）の精神分析学を偏っているとして批判し，日常生活の中で人間のパー
ソナリティを捉えた。彼は成熟した人格の基準として，自己感覚の拡大，温かい人
間関係の構築，情緒の安定，自己の客観視，人生哲学の獲得，現実的知覚と技能の
六つをあげた。

① 正文。**ゴールドバーグ**（1932 ~）はアメリカの心理学者である。様々な特性の組
合せでパーソナリティを捉えようとする考え方を特性論というが，「ビッグファイ
ブ」は代表的な特性論である。特性論に対し，体質や生物的要素，心理的特徴など
一定の原理にもとづいてパーソナリティを分類しようとする考え方を類型論とい
う。

② 正文。**ユング**（1875 ~ 1961）は，人間の主たる関心が内へ向いているのか（自分
の内なる判断基準を重んじるのか），外へ向いているのか（自分の外にある判断基準
を重んじるのか）によって人間を内向・外向の二つのタイプに分け，そこに思考・
感情・感覚・直感の四つを重ねて八つのパターンを提唱した。

③ 正文。**フロイト**は，人間の心の無意識の領域が人間の行動に影響を及ぼすと考え
た。フロイトが無意識を個人的なものだと考えたのに対し，**ユング**は人類共通の**集
合的無意識（普遍的無意識）**があると考えた。ユングは集合的無意識が神話，おと
ぎ話，夢や精神病患者の妄想などに現れると考えた。

問5 ┃ 19 ┃ 正解は ① 又は ② 又は ③

┃ 20 ┃ 正解は解答番号 19 が ① の場合は ③

解答番号 19 が ② の場合は ②

解答番号 19 が ③ の場合は ⑤

(1)の ① は，(2)の ③ と対応する。「あらゆる技術やアイディアが不特定多数の人々

に共有される」は「プラットフォーム企業は完全に自由である」と、「新しい種類の問題を解決する知恵が生まれる」は「社会は発展する」と同義と解釈できる。

(1)の②は、(2)の②と対応する。「プラットフォーム企業の活動が規制されたとしても」とあり、プラットフォーム企業の有無にかかわらず「現実世界のリソースを駆使してたくさんのものを作ることができる」、すなわち「社会は発展する」と解釈できる。

(1)の③は、(2)の⑤と対応する。「プラットフォーム企業の活動が規制されない場合」とはプラットフォーム企業が自由に活動することを指し、「次々に起こる新たな問題を社会は解決することができない」は「社会は発展しない」に結びつけることができる。

(2)の①は、メディア＝リテラシーについての意見であり、(1)のいずれの主張の論拠ともなりえない。

(2)の④は、プラットフォーム企業がインターネットというリソースを無償で使っていることに対する問題意識であって、(1)のいずれの主張とも無関係である。

(2)の⑥は、「プラットフォーム企業の活動を規制しなければ」とあり、プラットフォーム企業の活動は自由でない方が良いと考えている点で(1)の②の前半部分「プラットフォーム企業が完全に自由でなくても」と対応するかもしれないが、「被害を受ける人がたくさん出る」は、後半部分の「社会は発展する」に結びつかない。

よって、解答番号19が①の場合は③、解答番号19が②の場合は②、解答番号19が③の場合は⑤がこの設問の正解となる。

## □ 第 4 問【国際平和と人類の福祉】

### ねらい

　　1955 年に科学者たちが核廃絶を訴えた「ラッセル・アインシュタイン宣言」を題材に，環境倫理や平和について幅広く扱った。問１は，「ラッセル・アインシュタイン宣言」の読み取り問題である。文章が複雑な箇所を，いかに整理して読み取ることができるかが問われる。資料と人物を結びつける問２は，「自然状態」や「権利の保障」など社会契約説と結びつく言葉が出てくるが，資料全体をていねいに読み，カントの永久平和論だと特定したい。問３では，道具的理性や権威主義的パーソナリティ，全体主義などが誰によって探究されたのかを整理しておこう。問４と問５はセットになっている。複雑に見えるが，選択肢をよく読めば正解を絞り込むのはそれほど難しくない。

### 解説

**問１**　　21　　正解は ①

① 　正文。**資料１**では，「人類」という言葉が漠然としていることにより，人々が自分自身も危機に瀕した「人類」に含まれると認識しにくいとした上で，自分に危険が迫っていることを理解できないからこそ，「近代兵器が禁止されれば戦争を継続してもかまわないのではないか」との期待を抱いているとしている。ここでいう近代兵器は水爆などの核兵器を指すことから，人々は核の脅威さえなければ戦争の廃絶は必要ないのではないかと簡単に考えている，と指摘している。「ラッセル・アインシュタイン宣言」が発表された背景には，冷戦下で核開発競争が行われていたことがある。

② 　誤文。**資料１**では，「戦争の廃絶には，国家主権に対する不快な制限が必要となる」としながらも，それ以上に事態の理解を妨げるものとして「『人類』という言葉が漠然としていて抽象的に感じられること」をあげている。国家の指導者たちには言及していない。

③ 　誤文。前半部分は正しい。しかし後半部分について，**資料１**が指摘する問題点は，「近代兵器が禁止されれば戦争を継続してもかまわない」と人々が考えていることであって，人々は近代兵器を脅威と感じてはいるが，これが実際に使用されることになる戦争が継続することについては無頓着だということである。

④ 　誤文。**資料１**によると，戦争の廃絶が必要だということへの理解が困難なのは，「『人類』という言葉が漠然としていて抽象的に感じられる」がゆえに，人々が「自

分自身と自分の愛する者たちがもだえ苦しみながら滅びゆく危急に瀕していることを、ほとんど理解できない」からである。また、「近代兵器が禁止されれば戦争を継続してもかまわないのではないか」からは、人々が近代兵器を脅威に感じていることが読み取れる。

問2　22　正解は②

　　文章は、カント（1724 ～ 1804）の『永久平和のために』の抜粋である。文章では、自然状態では民族どうしの関係は不安定であるから、諸民族はそれぞれの権利が保障される体制に一緒に入るべきであると論じている。『永久平和のために』の中でカントが説いた永久平和論は、後の国際連盟や国際連合などの組織の構想につながっていく。

② 　カントの『道徳形而上学原論』の一節である。「善意思」がキーワードとなる。カントは、いかに優れた才能があろうとも、善意思によって活用されなければ善いものにはならないと考えた。善意思とは、評価されることを期待して義務を果たす意思ではなく、人間としてなすべき義務を行う意思のことである。

① 　ホッブズ（1588 ～ 1679）の『リヴァイアサン』の一節である。自然状態における人間の様子を「万人の万人に対する戦い」と表現した。法的な拘束がない状態では、人々は自己の権利を無制限に行使しようとするため安全の確保が困難になる。そこで、ホッブズは、人々は国家に権力を全面的に譲渡し、強大な国家権力（リヴァイアサン）の力をもって秩序を取り戻すのだと論じた。

③ 　ルソー（1712 ～ 78）の『社会契約論』の一節である。「全体意志と一般意志」がキーワードとなる。ルソーは、個人の利益を追求する意志を特殊意志、その総和を全体意志とし、個人が公共の利益を追求する一般意志と区別した。一般意志は人々の共通の意志であり、これを追求し実現するためには直接民主制が好ましいとして、代議制を退けた。

④ 　J.S. ミル（1806 ～ 73）の『自由論』の一節である。J.S. ミルは、社会の発展のためには、個性の発展が必要だと考えた。個人の自由は他者に危害を及ぼさない限り実現されるべきだとする J.S. ミルの主張は他者危害の原則といい、現代の自由主義の原則となっている。例えば、医療の現場におけるリヴィング＝ウィルの尊重は、他者に危害を及ぼさない限りにおいて、自己の生命についての自己決定権を優先するという考え方で、J.S. ミルの他者危害の原則に立脚するものである。

問3　<u>23</u>　正解は⑤

　　空欄アには**b**の**ホルクハイマー**（1895～1973）が入り，空欄イの**d**と対応する。ホルクハイマーは，**フランクフルト学派**の思想家で，人間社会に近代化をもたらし大きな恩恵を与えたはずの理性的な思考が，ナチズムのような野蛮を生み出したのはなぜなのかを考察した。ホルクハイマーらフランクフルト学派によると，理性とは本来，人間のあるべき理想や価値を追求するためのものだったが，近代化の中で合理性を実現するもの（**道具的理性**）へと変質していったという。効率的に目的を達成することを優先する道具的理性は目的の内容を問うことがないので，ナチスの蛮行のような行為にさえ服従してしまう。彼らは**批判的理性**を取り戻すことが必要だと説いた。空欄アのもう一つの選択肢は，実存主義者の**ヤスパース**（1883～1969）である。ヤスパースは，苦しみや死，罪などといった，物理的な解決が困難な**限界状況**に直面することで，人間は本来の自己である**実存**を認識すると考えた。限界状況において，人間は自分の無力さ（**有限性**）を悟り，同時に自分と世界を支える永遠の絶対者としての**超越者**（**包括者**）の存在に気づくことにより，困難を乗り越えていく新たな自己（実存）が生成されるという。実存を追求する者どうしの交わりを**実存的交わり**と呼び，他者との誠実な交わりを通じて初めて真の自己を獲得できる。

　　空欄イの選択肢**c**はフランクフルト学派の**フロム**（1900～80）による**権威主義的パーソナリティ**について，選択肢**e**は**ハンナ＝アーレント**（1906～75）の定義した**全体主義**についての記述である。

　　よって，⑤がこの設問の正解である。


問4　<u>24</u>　正解は⑤

ア　日本の民俗学者で粘菌学者の**南方熊楠**（みなかたくまぐす）（1867～1941）の考え方にもとづく。1872年と1906年の二度にわたり明治政府が行った神社の統廃合（**神社合祀令**）によって，日本の各地で神社の統廃合が進み，これとともに神社の周辺の森林（**鎮守の森**）（ちんじゅ）の伐採も行われた。生態系や景観の破壊を危惧した南方熊楠は，神社合祀令反対運動を展開した。

イ　詩人で童話作家の**宮沢賢治**（1896～1933）の考え方にもとづく。『**法華経**』（ほけきょう）の教えをもとに創作活動を行った宮沢賢治は，「世界がぜんたい幸福にならないうちは個人の幸福はあり得ない」と述べている。**大乗仏教**における**菩薩**（ぼさつ）に見られる「利他」の行為を理想とし，作品にもその思想が色濃く表現されている。

ウ　20世紀のドイツの哲学者**ハンス = ヨナス**（1903 ～ 93）の**世代間倫理**の考え方に
　　もとづく。世代間倫理とは世代間の責任のことで，現在の世代の行為が未来の世代
　　に被害を及ぼしてはならないとする考え方である。

　　　よって，**⑤** がこの設問の正解である。

**問5**　　25　　正解は ②

② 　日本の政治学者の**丸山真男**（1914 ～ 96）が問題にした，日本人の「無責任の体
　　系」の考え方にもとづく。戦争を引き起こした超国家主義を研究した丸山真男は，
　　日本人には主体性がなく，物事が「なりゆき」によって決定されていく特徴がある
　　と考え，主体性がはぐくまれることを妨げる独特の思考パターンがあると論じた。

① 　問4で取り上げた**ハンス = ヨナス**の**世代間倫理**の考え方にもとづく考え方であ
　　る。過去の人類が作り出した核兵器により現在の人類の平穏な暮らしが奪われてい
　　ることと，核兵器を使用した場合には人類の存続の可能性を狭める可能性があるこ
　　との二つの点で，世代間倫理の考え方が表れている。

③ 　問4で取り上げた**宮沢賢治**の考え方にもとづく考え方である。「自分よりも他者を
　　第一に考える姿勢」，つまり「自利」ではなく「利他」を諸政府に求め，平和のため
　　に行動する世界の人々に対しても，見返りを期待しない奉仕の精神や，すべての生
　　命の平穏を求めるべきだとする大乗仏教の一切衆生の観点が見られる。

④ 　問4で取り上げた**南方熊楠**の考え方にもとづく考え方である。生態系や景観は，
　　一度失われると同じ状態に戻すことができない。南方熊楠の展開した「鎮守の森」
　　を守る活動は，現代の自然保護活動の先駆といわれる。

# MEMO

# 解答解説 第 3 回

概観講義

出演：清水雅博先生

3

| 問題番号(配点) | 設問 | 解答番号 | 正解 | 配点 | 自己採点① | 自己採点② |
|---|---|---|---|---|---|---|
| 第1問 (28) | 問1 | 1 | ① | 3 | | |
| | 問2 | 2 | ① | 3 | | |
| | 問3 | 3 | ⑤ | 3 | | |
| | 問4 | 4 | ② | 3 | | |
| | 問5 | 5 | ③ | 3 | | |
| | 問6 | 6 | ④ | 3 | | |
| | 問7 | 7 | ③ | 3 | | |
| | 問8 | 8 | ② | 3 | | |
| | 問9 | 9 | ⑥ | 4 | | |
| 小計（28点） | | | | | | |
| 第2問 (15) | 問1 | 10 | ⑤ | 3 | | |
| | 問2 | 11 | ② | 3 | | |
| | 問3 | 12 | ⑥ | 3 | | |
| | 問4 | 13 | ⑦ | 3 | | |
| | 問5 | 14 | ① | 3 | | |
| 小計（15点） | | | | | | |

| 問題番号(配点) | 設問 | 解答番号 | 正解 | 配点 | 自己採点① | 自己採点② |
|---|---|---|---|---|---|---|
| 第3問 (16) | 問1 | 15 | ④ | 3 | | |
| | 問2 | 16 | ② | 3 | | |
| | 問3 | 17 | ① | 3 | | |
| | 問4 | 18 | ① | 3 | | |
| | 問5 | 19 | ③ | 4 | | |
| 小計（16点） | | | | | | |
| 第4問 (16) | 問1 | 20 | ④ | 3 | | |
| | 問2 | 21 | ③ | 3 | | |
| | 問3 | 22 | ⑤ | 3 | | |
| | 問4 | 23 | ② | 3 | | |
| | 問5 | 24 | ③ | 4 | | |
| 小計（16点） | | | | | | |
| 合計（75点満点） | | | | | | |

※共通テストで「公共，倫理」を解答科目にする場合は，試験の定める条件に合わせて大問1～4すべてを解答してください。配点は75点です。

※ぜひ，同シリーズの『公共』も合わせて演習してください。

# 第3回 実戦問題

## □ 第1問【ルネサンス〜西洋近現代思想】

### ねらい

　ボッカチオの『デカメロン』をめぐる生徒たちの会話を軸に,ルネサンス期から人々の価値観がどのように変化していったのかを扱った。問2では,近代科学の革新に貢献した科学者についてやや詳細に扱った。問4では,演繹法の具体例を出題した。身近な出来事を題材に,自分でも例をあげてみよう。問5では,イギリス経験論と大陸合理論の区別ができているかを試した。難解な思想も含まれるが,キーワードと人物が結びつくようにしたい。問6と問7は,パスカルやニーチェについて深い理解がある人は選択肢を読むだけで正解できるかもしれないが,そうでなくても資料や会話文を注意深く読めば正解を導ける。問9では,思想と芸術について扱った。作家の名前と作品名,作品のモチーフなどは知っておくべきであろう。

### 解説

問1 　1　 正解は①

① 　人々が無知を自覚していないことに気づいた**ソクラテス**（前469頃〜前399）は,「**無知の知**」が重要であるとして,自らの無知を自覚させるために市民と**問答**を重ねた。人間にとって最も大切なことは,魂が優れたものになるようにして「**善く生きる**」ことであり,徳についての正しい知識が,人を善い生き方へ導くとして,ここに真の**幸福**があると説いた。

② 　キリスト教における無差別・無償の愛は**アガペー**である。**エロース**とはプラトンが唱えた愛の概念であり,真の実在であるイデアを恋い慕う精神的欲求を表す。

③ 　古代インド思想のテーマは**輪廻**からの**解脱**であり,バラモン教の聖典『**ヴェーダ**』の奥義書『**ウパニシャッド**』が形成された。ウパニシャッド哲学では「**梵我一如**」の真理を悟ることで輪廻の苦悩から解脱できると説かれたが,宇宙の根本原理は**ブラフマン**（梵）,自己の本質は**アートマン**（我）である。

④ 　**ガウタマ＝シッダールタ**（前463頃〜前383頃（前563頃〜前483頃など諸説あり））は,苦行によって悟りを得ることはできず,坐禅をして静かに瞑想することで真理を悟り,**ブッダ**（仏陀）となった。したがって,正しい修行方法として示した**八正道**の根底には,快楽にも苦行にも偏らない**中道**の思想がある。

第
**3**
回
実
戦
問
題

**問2** ⎡2⎤ 正解は ①

**ア** イタリアの数学者で物理学者の**ガリレイ（ガリレオ＝ガリレイ）**（1564 〜 1642）の言葉で，トスカナ公国の大公妃に宛てた手紙の中でこのように述べたといわれている。自然界のすべては数学的に表現できるもので構成されているという意味である。

**イ** ドイツの天文学者**ケプラー**（1571 〜 1630）は，楕円軌道などの惑星の運動法則を発見した。実際の天体観測にもとづいて，**コペルニクス**（1473 〜 1543）**の地動説**を支持した。

**ウ** コペルニクスの地動説が現れるまでヨーロッパ世界で定説となっていた天動説である。2世紀のギリシア人天文学者プトレマイオス（生没年不明）が天動説の理論を完成させた。

**エ** コペルニクスの地動説を支持したため，二度にわたり宗教裁判にかけられたのはガリレイである。最終的に持論を撤回せざるを得なかったが，「それでも地球は動く」と述べ信念を貫いたことで知られる。

**オ** イギリスの数学者・物理学者の**ニュートン**（1642 〜 1727）は，**万有引力の法則**を発見したことで知られる。コペルニクスやガリレイなど近代の自然科学者たちは，観察と実験によって自然現象を研究し，自然がある一定の法則のもとに運動していることを突き止めた（**機械論的自然観**）。これは，ニュートンの万有引力の発見によって理論的に裏づけられた。

**カ** 修道士だった**ブルーノ**（1548 〜 1600）は，汎神論的宇宙論を展開したことで異端とされ投獄されたが，7年にわたり自説を曲げず，火刑に処された。

　　　よって，**ア**と**エ**がガリレイについて述べた組合せなので，①がこの設問の正解である。

**問3** ⎡3⎤ 正解は ⑤

**a** **カルヴァン**（1509 〜 64）の**予定説**の説明が入る（**イ**）。予定説とは，神は予（あらかじ）め救われる者と滅びる者を決めているとする考え方で，ルター（1483 〜 1546）もカルヴァンと同様に予定説をとっている。**ア**は，ルターの万人司祭主義の説明である。

**b** カルヴァンによる思想や運動をカルヴィニズム（カルヴァン主義）といい，新興の商工業者や自営農民などに広く受け入れられた。背景には，すべての職業は神から与えられた使命であるとする**職業召命観**があり，人間は神の栄光を実現するため与えられた仕事に励むべきだとし，それによって得られる蓄財を肯定するという考

59

え方がある（**ウ**）。それまでのカトリック教会（旧教）に対して，ルターやカルヴァンによる新たなキリスト教はプロテスタンティズム（新教）と呼ばれる。宗教改革を通じて人々は新しい職業倫理を獲得したが，ドイツの社会学者ウェーバー（1864〜1920）は，著書『プロテスタンティズムの倫理と資本主義の精神』で，禁欲的な生活を送る人々が世俗的な職業に励み，利潤を蓄財する行為が資本の形成につながり，**近代資本主義の精神を生み出した**と論じている。**エ**の贖宥状（免罪符）は，信者の罪に対する罰を免除するとして教会が販売していたもので，宗教改革の指導者たちはいずれもこれを強く批判した。

**c** エラスムス（1466頃〜1536）（**オ**）もフス（1369頃〜1415）（**カ**）も，聖書研究に取り組んだ学者だが，エラスムスは過激な運動とは一線を画し，一方のフスは教皇権や贖宥状を激しく批判しベーメン（ボヘミア）の民族運動の高まりに大きな影響を与えた。

　よって，**⑤**がこの設問の正解となる。

整理▷**宗教改革〜プロテスタントの思想**

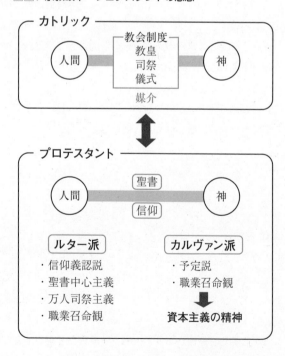

問4 ☐4☐ 正解は ②

② **ベーコン**（1561 〜 1626）が唱えた**帰納法**の考え方である。帰納法では，個別の事実から一般的な法則を導く。近所の複数の家でキウイが収穫できるという個別の事実から，この地域の気候がキウイ栽培に適しているという一般的な法則を導いている。

① **演繹法**の考え方である。「風が強いと桜の花が散る」という大前提があり，「今週は風が強い予報」だという小前提をもとに，週末の花見が期待できないと結論づけている。

③ 演繹法の考え方である。スイカの生育条件として，「降水量400ミリ以下で日照時間が300時間」以上で豊作となるという大前提があり，今年の気候はそれらの条件を満たしているというもう一つの前提を合わせ，今年は豊作になるだろうと予測している。

④ 演繹法の考え方である。「秋になると日本列島に台風が接近する回数が増える」という大前提があり，「暴風や豪雨のニュースは人々の防災意識を高める」というもう一つの前提から，秋には防災用品の売り上げが伸びるという個別の事象を導いている。

整理▷**帰納法と演繹法**

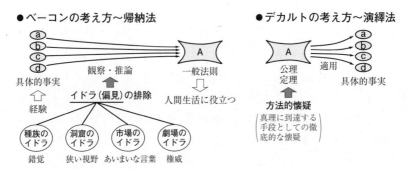

問5 ☐5☐ 正解は ③

**ア・ウ** オランダの哲学者**スピノザ**（1632 〜 77）の「**神即自然**」についての記述である。スピノザは，デカルト（1596 〜 1650）の物心二元論に対し，神が唯一の実体であり，精神（心）と物体（身体）は神という実体の二つの側面であると論じた。

イ　イギリスの思想家**ロック**（1632 ～ 1704）の「**白紙（タブラ＝ラサ）**」についての記述である。合理論に立つデカルトが説いた**生得観念を否定し**，生まれたばかりの人間の心はまだ何も書かれていない白紙の状態であり，あらゆる感覚や観念は後天的に獲得されると考えた。

エ　ドイツの哲学者**ライプニッツ**（1646 ～ 1716）による**モナド（単子）**についての記述である。ライプニッツは，世界は能動的な活動性を持つ無数のモナドからなるが，モナドどうしは互いに干渉しない（「モナドには窓がない」）と考え，モナドからなる世界は全体として神によって調和される（予定調和）と論じた。

オ　イギリスの哲学者**ヒューム**（1711 ～ 76）についての記述である。ヒュームは，心の外に存在するのは主観的な観念だけであるとしたアイルランドの哲学者バークリー（1685 ～ 1753）の思想を追究し，バークリーが実在すると考えた精神や自我でさえも「**知覚の束**」であるとした。**懐疑論**の立場をとり，人間は知覚された経験以外のものを知ることはできないと主張した。

カ　デカルトの**物心二元論**についての記述である。デカルトは，精神（心）と物体（身体）は独立したものであると考えた。しかし，デカルトはまた，心と身体が連動していることも認めており，物心二元論との矛盾を抱えることになった。

　　よって，**イ**のロックと，**オ**のヒュームの思想がイギリス経験論の思想であり，③がこの設問の正解となる。

問6　6　正解は④

　　モラリストである**パスカル**（1623 ～ 62）は著書『**パンセ**』の中で，理性の奢りと感覚の支配について，神との関係において説明している。人間の尊厳は神から授かった理性にあるが，人間はその理性によって自己を神と同等と見なし，幸福を追求するあまり感覚による欲望に支配され堕落してしまう。そこで，信仰心を取り戻し，理性によって感覚を統御すべきだと説いた。パスカルによると，人間は偉大さと悲惨さ，無限と虚無の**中間者**であるという。信仰心を取り戻し，謙虚な態度で人間としての正しい生き方を追求すべきだと論じている。「**人間は考える葦である**」という有名な言葉は，人間は大自然の中では無力な存在であるが，思考力を持つ点で偉大であることを示している。

　　よって，④がこの設問の正解となる。

問7 　7　 正解は ③

　　ニーチェ（1844 ～ 1900）によると，キリスト教の禁欲的な道徳は，強者に対する弱者の**ルサンチマン**（**怨恨**）に由来するといい，それは弱者が自分の無力さゆえに強者を憎悪する心理のことである。このように強者を妬み，強者への復讐心を駆り立てるキリスト教道徳を，ニーチェは奴隷道徳と呼んで批判した。ニーチェはまた，学問や科学の進歩によってキリスト教の道徳が疑わしくなり，神という最高の価値が権威を失うこと（**神の死**）で伝統的な価値観（**キリスト教的道徳観**）が意味を失った今，人間は生の本来のあり方を取り戻す絶好の機会を得たと考えた。ニーチェは，人は権力を握るような**超人**としての意志を持つことで人間性を回復できると唱えた。

　　よって，③ がこの設問の正解となる。

問8 　8　 正解は ②

　ア　正しい。**資料**では，労働者が労働の中で自分を否定し，「不仕合わせ」に感じ，肉体をすり減らし精神を荒廃させると論じている。**マルクス**（1818 ～ 83）はこうした状態を**労働の疎外**（**疎外された労働**）と呼んだ。

　イ　誤り。**資料**の後半部分では，労働が労働者自身のものではなく他人のものになっていると論じている。マルクスは，労働者も，労働者が生み出す生産物も，ともに資本家のものになってしまっているとして，資本主義経済を批判した。

　ウ　誤り。**資料**では，労働者は労働の外で自分を取り戻すが，労働の中では自分を失っていると論じている。マルクスは，労働は人間の本質的な活動であると考え，労働によって生産されたものは労働者自身の作品となり，労働者はそこに自分の存在意義を見出すことができるとした。よって，労働の中でこそ，労働者は「肉体的・精神的エネルギーをのびのびと外に開く」ことができるはずである。

　エ　正しい。マルクスは，本来労働者本人に帰属すべき労働者自身も，労働そのものも，すべて資本家に帰属しているとして資本主義経済を批判した。

　　よって，**ア**と**エ**が正しいので，② がこの設問の正解となる。

問9 　9　 正解は ⑥

　ア　ノルウェーの画家で，「叫び」などの作品で知られる**ムンク**（1863 ～ 1944）についての記述である。幼少の頃に家族を失った経験から，死・病気・孤独・不安などをテーマに，人間の心の奥底を描いた。

**イ** アルジェリア出身でフランスに暮らした実存主義作家**カミュ**（1913 〜 60）についての記述である。おもな作品に『異邦人』『ペスト』『シーシュポスの神話』などがあるが，いずれも，意味や希望を見出そうとする人間に対し，人間とは無関係にそれ自体として存在している世界が人間の願望を拒絶する不条理を描いている。

**ウ** フランスの文学者・哲学者の**ボーヴォワール**（1908 〜 86）についての記述である。「女性らしさ」は男性によって作られたイメージであることを指摘し，女性の地位の向上やフェミニズム論，ジェンダー論などの台頭に貢献した。従来の結婚制度に対しても批判的で，生涯の伴侶となった哲学者・文学者のサルトル（1905 〜 80）とは契約結婚という形で新たな男女関係を実践した。

よって，**⑥**がこの設問の正解となる。

## □ 第2問【日本の近代思想】

### ねらい

　　明治時代の近代化をテーマに幅広く出題した。問1と問2では，幕末から昭和時代までの人物を扱った。知識量が求められる時代なので，人物と思想の結びつけを確実にしておきたい。明治時代のキリスト者を扱った問3では，やや細かな知識で三者を識別する必要があり，あいまいな知識では正解することが難しい問題である。問4では，資料の内容から人物を判断した上で，弁証法がどのようなものかを知っている必要がある。問5は，読む量が多いが，内容は難しくない。会話と選択肢をていねいに比べよう。

### 解説

**問1** 　**10** 　正解は⑤

ア　江戸時代末期の洋学者**高野長英**（1804 ～ 50）が入る。高野長英は，シーボルト（1796 ～ 1866）が長崎に開いた塾で医学や洋学を学び，**尚歯会**を立ち上げて西洋研究を行った。ともに尚歯会を立ち上げたのが**渡辺崋山**（1793 ～ 1841）である。彼らは，1838年に起きたモリソン号事件をめぐり幕府を糾弾したことから投獄された（**蛮社の獄**）。モリソン号事件とは，漂流していた日本人を助けて浦賀に来航したアメリカの商船モリソン号を，異国船打払令によって幕府が砲撃した事件である。

イ　江戸時代末期の洋学者**佐久間象山**（1811 ～ 64）が入る。アヘン戦争で清がイギリスに敗北したことを知り衝撃を受けた佐久間象山は，東洋の道徳の上に西洋の技術を積極的に導入すべきだとする「**東洋道徳，西洋芸術**」を唱えた。弟子の**吉田松陰**（1830 ～ 59）も和魂洋才によって日本の近代化を実現すべきだと考えたが，不平等条約を締結した幕府を厳しく批判したために安政の大獄で刑死した。**横井小楠**（1809 ～ 69）は幕末の政治家・思想家で，開国貿易・公武合体を主張した。積極的な交易によって貧富の差を解消し，幕府と朝廷とを結びつけることで政治権力の正統性を確保すべきだと唱えた。

ウ　**徳富蘇峰**（1863 ～ 1957）が入る。徳富蘇峰は当初，自由民権運動に参加し，一般大衆の目線で下からの近代化を目指す**平民主義**の立場をとっていたが，日本が日清戦争に勝利し，対外膨張政策に舵を切ると，国権論を唱え**国家主義**に転じた。1887年には「平民主義」を掲げる雑誌『**国民之友**』を設立し，中江兆民（1847 ～ 1901）や内村鑑三（1861 ～ 1930），森鷗外（1862 ～ 1922）らも執筆に加わっていたが，後

に廃刊となった。**陸羯南**（1857 ～ 1907）は、国民主義を唱えた明治時代の評論家である。国民主義とは、日本国民こそが国の主体であり、西洋文明は日本国民の福利のために利用するべきものと位置づける考え方である。

よって、**⑤**がこの設問の正解となる。


問2 　11　正解は ②

ア　**加藤弘之**（1836 ～ 1916）は、幕末に洋学を学び、明治維新後には**明六社**に参加した。著書『国体新論』では「我輩人民モ亦天皇ト同シク人類」と述べているが、後に天賦人権論を否定して論争となった。

イ　**福沢諭吉**（1834 ～ 1901）は、儒教思想にとらわれ近代化が進まない中国や朝鮮とともにアジアを興すのではなく、日本は西洋の文明国の仲間に入るべきだと主張した（**脱亜論**）。また漢学など東洋の学問を「**虚学**」、数理学など西洋の学問を「**実学**」と呼び、実用的な西洋の学問を学んで個人の独立（**独立自尊**）と国の独立を図らねばならないと考えた。「**一身独立して一国独立す**」という言葉は、独立自尊の考え方を示している。また、天賦人権と平等思想を唱え、「**天は人の上に人を造らず、人の下に人を造らずと云えり**」と述べている。

ウ　**森有礼**（1847 ～ 89）は、英米への留学経験から、明治新政府の官僚として政府主導の近代化を進めた。伊藤博文（1841 ～ 1909）は森を「日本産西洋人」と評した。男女同権の一夫一婦制を主張したことでも知られる。明六社は森有礼の発議で結成され、福沢諭吉、加藤弘之のほか、中村正直（1832 ～ 91）、西周（1829 ～ 97）、津田真道（1829 ～ 1903）、西村茂樹（1828 ～ 1902）らが参加した。

よって、**②**がこの設問の正解となる。


問3 　12　正解は ⑥

ア　誤文。**新渡戸稲造**（1862 ～ 1933）についての説明である。南部藩（現在の岩手県）で武士の子として生まれた。東京女子大学の学長を務め、キリスト教にもとづく教育の発展に尽力した。キリスト教と日本文化の融合や日本文化の海外への発信に努め、「太平洋の（懸け）橋とならん」の言葉で知られる。主著は『**武士道**』。国際連盟の事務次長を務めるなど国際的にも活躍した。

イ　正文。**植村正久**（1857 ～ 1925）についての説明である。上総国（現在の千葉県）の旗本の家に生まれた。東京神学社を創設し、キリスト教伝道者の養成に力を注いだ。

ウ　誤文。**内村鑑三**についての説明である。高崎藩（現在の群馬県）の武士の家に生まれた。留学先のアメリカでは拝金主義と物質文明を目の当たりにしたが，真面目な道徳精神が生きている日本でこそ真のキリスト教が根づくと確信し，イエス（Jesus）と日本（Japan）の「二つの J」に生涯をささげる決意をした。「**武士道に接木されたるキリスト教**」と述べ，武士道精神にもとづく誠実なキリスト教信仰こそが神の義にかなうものとし，日本人の精神的再生を図る道を模索した。

　　よって，⑥がこの設問の正解となる。

整理▷**近代日本のおもなキリスト者**

| | |
|---|---|
| **内村鑑三** | 「二つの J」に生涯をささげ，非戦論を唱えた。 |
| **新島襄** | 同志社を創設し，キリスト教を基本とした教育を展開。 |
| **植村正久** | 東京神学社を創設。当時の日本のプロテスタントの指導者。 |
| **新渡戸稲造** | 主著『武士道』で日本人の精神を紹介。国連事務次長も務めた。 |
| **山室軍平** | 同志社で学ぶ。キリスト教の博愛主義にもとづき，救貧活動を行う日本救世軍を創設。 |

問4　13　正解は⑦

　　**資料**は，近代日本の倫理学者**和辻哲郎**（1889 ～ 1960）の『**倫理学 上**』からの抜粋であり，空欄には**弁証法**が入る。和辻哲郎は自らの倫理学を「**人間の学**」と名づけ，人間とは孤立した個人的な存在ではなく，人と人との間柄を示すものでもあり（**間柄的存在**），倫理は個人と社会の相互作用によって成立すると考えた。この相互作用に不具合があると，個人中心の利己主義や全体主義に陥るとした。**資料**には「人間はかくのごとき対立的なるものの統一である」とあり，これを手がかりに弁証法が入ると判断する。

　　選択肢アの**三木清**（1897 ～ 1945）は大正・昭和期の哲学者である。ドイツとフランスに留学した三木は，ハイデッガー（1889 ～ 1976）のもとで研究を行った。帰国後はジャーナリストとして活動したが，たびたび権力からの弾圧を受けた。1945年には検挙され，そのまま拘置所で獄死した。三木は，人間の歴史は人間の行為が作り上げたものだとした上で，広い意味でものを作ること，制作や創造を「構想力」と位置づけて，構想力が歴史を築き上げる力だと主張した。また，選択肢イの**鈴木大拙**（1870 ～ 1966）は，明治期から昭和期にかけて活躍した国際的な仏教哲学者で，英文で禅についての書籍を出版し，日本文化と禅の思想を外国に紹介した。西

67

田幾多郎（1870 ～ 1945）とも親交があった。

よって，⑦がこの設問の正解となる。

整理▷**和辻哲郎の思想～人間性とは？**

社会性と自我のバランス（弁証法的）


問5　14　正解は ①

① 生徒 D は，はじめ日本において宗教が変容していることにやや批判的だったが，生徒 E との会話を経て，日本という独自の風土で宗教の融合や変容が繰り返されてきたという点は，何ら批判されるべきものではないという結論に至っている。

② 生徒 D は最終的に，複数の宗教をうまく受容するという日本における宗教のあり方にも納得したが，それこそが宗教のあるべき姿だという内容は述べられていない。

③ 生徒 E は，本来の形での信仰を続ける人々に対して，日本で変容した姿の宗教を押しつけるべきではないと主張しているが，日本が宗教を変容させたことが直ちに争いの火種になるとは述べていない。

④ 生徒 E は，日本で変容した宗教のあり方にも理解を示しており，本来の形で信仰を続ける人とのどちらも尊重し，相互理解を深めればよいと述べている。

# □ 第3問【水をめぐる問題】

## ねらい

世界各地で起きている水資源問題をテーマに，幅広く出題した。問1は資料の読み取りを，問2は環境問題に関する基本的な知識を扱った。問4も資料の読み取りだが，提示されている情報を整理した上で会話文と照合する必要がある。問5は，会話文の穴埋め問題だが，選択肢から正解を絞ることは難しい。会話の流れからどのような意見が入るかを推測し，正解を絞り込みたい。

## 解説

**問1** 15 正解は ④

④ 正しい。**資料1**の基本理念のうち，「1. 水循環の重要性」によると，「水については，水循環の過程において，地球上の生命を育み，国民生活及び産業活動に重要な役割を果たしている」とある。人間の活動も水循環の一部に含まれることを前提に，健全な水循環の維持や回復のための取り組みが行われなければならないと述べている。

① 誤り。**資料1**の基本理念の「2. 水の公共性」より，水が公共性の高い貴重な財産であることが読み取れる。しかし，同時に水の「適正な利用が行われる」ことにも言及しており，また**資料1**の中で「できるだけ多くの生活用水と産業用水を確保する」べきだと読み取れる箇所はない。地下水の過剰な汲み上げによって地盤沈下が深刻化している地域があることも知っておきたい。また，「4. 流域の総合管理」によれば，流域の総合管理とは「水循環の過程において生じた事象がその後の過程においても影響を及ぼす」ことを前提に行われなければならないとしている。

② 誤り。**酸性雨**とは，自動車などから排出される硫黄酸化物（SOx）や窒素酸化物（NOx）を含む強い酸性の雨のことであり，世界各地で樹木の枯死や水質，土壌の汚染などの問題を引き起こしている。**資料1**では，定義の「1. 水循環」で，水循環を「蒸発，降下，流下又は浸透により，海域等に至る過程で，地表水，地下水として河川の流域を中心に循環すること」としており，降雨はこのうちの「降下」にあたる。しかし，雨水は「流下」や「浸透」により移動し，地下水になったり湖沼に流れ込んだりする。酸性雨の循環によって湖沼や地下水の水質の悪化なども深刻化しており，「水の降下」だけが酸性雨に関わる問題だとはいえない。

③ 誤り。資料1の定義の「2.健全な水循環」では，健全な水循環を「人の活動と環境保全に果たす水の機能」と定義しており，「国民生活と産業活動」だけでなく環境保全に果たす水の機能も保たれた水循環を健全な水循環としている。

問2　16　正解は②

② 正しい。アメリカの環境学者レオポルド（1887〜1948）の唱えた土地倫理に関する記述である。レオポルドは，水，土壌，動植物などからなる生態系が相互に依存し合って共同体を形成していると考えた。人間もその共同体を構成する一部なので，生態系全体の利益の観点から行動すべきだとした。

① 誤り。1997年に京都で開催された気候変動枠組み条約第3回締約国会議（COP3）で採択された，京都議定書に関する記述である。京都議定書では，先進国に対し温室効果ガスの削減義務が課されたが，一方で温室効果ガスの排出量が増加している発展途上国は削減義務を免除された。こうしたことを背景にアメリカが離脱するなど，交渉が難航した。2015年に締結されたパリ協定では，削減数値目標の設定は行われず，先進国，発展途上国を問わず参加するすべての国が自主的に削減目標を立てることで合意した。

③ 誤り。自然の生存権に関する記述である。地球有限主義とは，地球は閉じられた空間であり，地球上の資源やエネルギーは有限であるという考え方である。

④ 誤り。環境アセスメントとは，開発に先立って事前に行われる環境への影響評価である。事後に評価する制度ではない。日本では1997年に環境アセスメント法が制定され，1999年に施行された。

問3　17　正解は①

a ピアジェ（1896〜1980）による脱中心化が入る。脱中心化とは，幼児期の自己中心的なものの見方を脱し，他者の視点からも認知や理解ができるようになる変化のことである。第二の誕生は，ルソー（1712〜78）による用語で，青年期における精神的な自己の目覚めを表す。ルソーは著書『エミール』の中で「われわれはいわば二度生まれる。一度目は生存するために。二度目は生きるために。一度目は人類の一員として，二度目は男性として，女性として」と表現している。心理的離乳は心理学者ホリングワース（1886〜1939）の言葉で，青年期に親の保護から離れ精神的に独立することをいう。ただし，現代では核家族化や少子化の影響で親の過干渉や経済的な不安から親元を離れない子が増えている。親の保護下で暮らす単身者（パ

ラサイト＝シングル）の増加も指摘されている。

b　エリクソン（1902 ～ 94）のいう**心理・社会的モラトリアム**とは，職業や結婚な
ど人生において永続的ともいえる選択を猶予され，その間に様々な**役割実験**を行い，
自分に適した生き方を探す期間のことである。モラトリアムとは緊急時に金融機関
が融資の返済などを猶予することを指す経済用語だが，エリクソンはこれを青年期
の人間のあり方に当てはめた。小此木啓吾（1930 ～ 2003）の**モラトリアム人間**と
は，いつまでも猶予状態にひたり続け，自己選択ができない現代の青年の姿を表す
言葉である。

よって，①がこの設問の正解となる。

**問4**　　**18**　正解は①

①　誤り。**資料2**によると，「基本的な飲み水」と「限定的な飲み水」にアクセスのあ
る人々については，「自宅にある」「いつでも入手できる」「水質の安全性の確認」の
いずれかを満たしている可能性がある。このうち，「自宅にある」を満たしている場
合，自宅で安全な飲み水を確保できていることになる。続く会話文の中にある「時
間給水」がその例で，自宅に水道があり安全な水が供給されているが，使用できる
時間や曜日が限られているケースである。「時間給水」は発展途上国の都市部で多く
見られる。生徒Gは，「安全に管理された飲み水」にアクセスのある73％の人々の
みが自宅で安全な飲み水を確保できており，その他の27％の人々（世界人口のおよ
そ3割）は自宅で安全な飲み水を確保できていないと考えているが，**資料2**からは
「基本的な飲み水」と「限定的な飲み水」にアクセスのある人々の中にも自宅で安全
な飲み水を確保できているケースがあると考えられる。

②・③　正しい。生徒Iが述べている「時間給水」のケースである。

④　正しい。**資料2**によると，自宅に水を運ぶのに往復30分以上かかる人々が4％を
占めているが，「改善されていない水源」に頼っている人々は，それを上回る5％に
のぼっている。

**問5**　　**19**　正解は③

③　aは，**アマーティア＝セン**（1933 ～）の**潜在能力**（ケイパビリティ）についての
記述である。続く会話文の「水がないことだけが唯一の問題ではなくて，それによっ
てあらゆる可能性が阻害されてしまっている」から判断できる。より良い人生を送

るために社会に様々な機能が用意してあったとしても，それを活用する能力がなければ生活の質は向上しない。センは，この「活用する能力」を潜在能力と呼び，重視した。**b**の**イエス**（前7頃／前4頃～後30頃）の**黄金律**は，キリスト教道徳における最高の教えと位置づけられる。続く会話文の「J.S.ミルの考えた質的功利主義のあるべき姿」から判断する。ベンサム（1748～1832）の功利主義を受け継いだ**J.S.ミル**（1806～73）は，快楽を物質的快楽と**精神的快楽**とに分類し，人間と動物の違いは精神的快楽があるかどうかだとした。自分の何かしらの行為によって他人が幸福を感じる場合，人間はそこに自分の幸福も見出すことができる。利他的な行為によっても人間は精神的快楽を得られることから，「自分が人にしてもらいたいと望むことは，人々にもその通りにしなさい」とするイエスの黄金律を理想とするのがJ.S.ミルの質的功利主義である。

① **a**は，**人間の安全保障**に関する記述である。国家の考える安全保障が軍事力を背景としたものであるのに対し，人間の安全保障は個人に焦点をあてて，飢餓や感染症，抑圧などから個人の生命や尊厳を守ることを目指すものである。国連開発計画（UNDP）が1994年に人間開発報告書の中で初めて扱った概念である。**b**は，墨家の祖である**墨子**（前480頃～前390頃）による**節用**と**兼愛**に関する記述である。墨子は，肉親への愛情を重視する儒家の愛を別愛として批判し，博愛精神を重んじた。また，儒家の形式主義や世襲制を批判したことから庶民の支持を受けた。侵略戦争を否定する非攻を論じたことでも知られる。

② **a**は，江戸時代後期の農政家**二宮尊徳**（にのみやそんとく）（1787～1856）の**分度**（ぶんど）と**推譲**（すいじょう）に関する記述である。分度とは収入に応じた暮らしを心がけること，推譲とはその中で生じた余剰分を社会に還元することをいう。**b**は，儒家の**孟子**（前372頃～前289頃）に関する記述である。性善説を唱えた孟子は，人間には生まれつき**惻隠の心**（そくいん），**羞悪の心**（しゅうお），**辞譲の心**（じじょう），**是非の心**（ぜひ）からなる**四端の心**（したん）が備わっており，これらを育てていくことで仁・義・礼・智の**四徳**（しとく）が実現すると説いた。

④ **a**は，**持続可能な開発**に関する記述である。1992年にリオデジャネイロで開かれた**国連環境開発会議**（**地球サミット**）で採択された**リオ宣言**に盛り込まれた概念である。**b**はインド独立の指導者**ガンディー**（1869～1948）に関する記述である。インドの独立運動を率いたガンディーは，目的が正しかったとしても，それが達成される手段が正しくなければ真に正しい結果はもたらされないと考えた。**非暴力主義**によって展開したインド独立運動は大きな支持を得て，1947年の独立を実現した。

整理 ▷ **功利主義～ベンサムとミル**

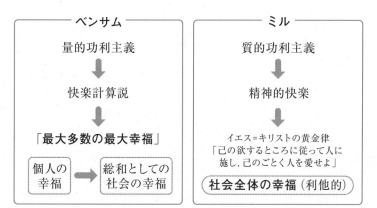

第
3
回
実戦問題

## □ 第４問【オーバーツーリズムとまちづくり】

### ねらい

　　世界各地で問題となっているオーバーツーリズムを題材にした。問１は，防衛機制に関する出題だが，防衛機制を含めた欲求不満への対応方法は多岐にわたるので，実例と結びつけた理解を心がけよう。問２は，プラトンのイデアについての理解が試されている。用語だけでなくその意味まで理解しておこう。問３では，20世紀の思想家について，その思想をオーバーツーリズムの問題に応用する出題である。問４のような統計を読み解く問題では，統計に示されている凡例をしっかり読んで確認し，先入観に影響されることなく統計の示す傾向を把握したい。会話文の穴埋めとなっている問５は，一つの空欄に該当する選択肢が複数用意してある。空欄と選択肢をていねいに吟味しよう。

### 解説

**問１　20　正解は④**

**a・b**　フロイト（1856～1939）による**防衛機制**についての説明である。防衛機制とは，欲求不満を原因とする不安や緊張から自我を守るための心の働きのこと。誤答の記述「無意識のうちに欲求を諦め，忘れようとする」は，防衛機制のうちの抑圧にあたる。また，誤答の語句「合理化」も防衛機制の一つで，自分の行動にもっともらしい理屈をつけて正当化することである。イソップ童話にある「すっぱいブドウ」の理論は，合理化の典型例の一つである。キツネが高いところに実っているブドウの実が食べられなかったのを，「どうせあのブドウの実はすっぱいに違いない」と思って自らを納得させたという寓話（ぐうわ）である。

**c**　アドラー（1870～1937）の**補償**についての説明である。補償とは，劣等感から優越感を目指す意識のこと。誤答の「耐性」は様々な精神的ストレスから自分を守るための強さを指す。

　　よって，④がこの設問の正解となる。

**問２　21　正解は③**

　　文章は，**プラトン**（前427～前347）の『パイドロス』の一部である。『パイドロス』は，パイドロスという若者とソクラテスの対話形式になっており，問題で扱った箇所は，ソクラテスが人間がものを知るということは，目に見えているものでは

74

なく**イデア界**に存在する真のものを知ることである，と語っている場面である。プラトンは，視覚などの感覚によって認識されるものはイデア界に存在する真の「そのもの」の影であり，人間が知識を得るということは，魂がかつて見たイデアの記憶を思い出す**想起（アナムネーシス）**だと考えた。

③　プラトンの『饗宴』の一節である。『饗宴』も対話形式になっており，登場人物が順に**エロース**について語り，善美のイデアを求めるエロースの思想が展開される。

①　ローマ時代の後期ストア派の哲学者**セネカ**（前5／4頃〜後65）の『人生の短さについて他二篇』の一節である。セネカは，ローマ帝国第5代皇帝ネロ（37〜68，在位54〜68）の側近だった人物である。人生をより良く生きるための生き方に言及し，生き方によって人生は十分に長くなりうるし，短くもなると論じた。

②　**アリストテレス**（前384〜前322）の『ニコマコス倫理学』の一節であり，**友愛（フィリア）**についての説明である。アリストテレスは，互いのために善いことを願う愛を友愛と呼び，共同体の中で人々の心をつなぐものとして重視した。

④　アリストテレスの『ニコマコス倫理学』の一節であり，**習性的徳（倫理的徳）**についての説明である。アリストテレスは，徳を知性や思慮などの**知性的徳**と，勇気や正義などの習性的徳に分類した上で，習性的徳とはもともと人間に備わっているものではなく，善い行いを繰り返す中で形成されるものだと論じた。

**問3**　**22**　正解は⑤

空欄**ア**には**b**の**リオタール**（1924〜98）が入り，空欄**イ**の**d**と対応する。リオタールは20世紀のフランスの哲学者で，**ポストモダン**の概念を提唱した。ポストモダンとは，西洋近代哲学以降の思想を意味する。西洋近代哲学では，自由や理性などの統一的な価値観，すなわち「**大きな物語**」によって物事を体系づけようとしたが，現実世界の多様化が進んだことから多様な価値観を「大きな物語」の中に位置づけることが困難になった。そこで，個々の事情の中で思考する「**小さな物語**」が必要になったとするのがリオタールの思想である。ここでは，「有名な観光地に多くの観光客を集客する」という従来目指されてきた一元的な観光のあり方を「大きな物語」と位置づけ，世界的に旅行者の絶対数が増加した現在，こうした従来の観光のあり方が不可能になりつつあることから，「個々の観光客や観光地の状況に適応した」多様な観光のあり方，つまり「小さな物語」が模索されるべきだ，と解釈する。

空欄**ア**の選択肢**a**の**ノージック**（1938〜2002）は20世紀のアメリカの哲学者で，

空欄**イ**の選択肢 **e** にある**リバタリアニズム**を論じた。リバタリアニズムは自由至上
主義とも呼ばれる。個人の自由を尊重するとするリベラリズムと出発点は同じだが，
リベラリズムが弱者救済のための政府の介入や富の再分配を認めるのに対し，リバ
タリアニズムは政府の役割を国防などの最小限にとどめるべきだとする。また，ロー
ルズ（1921 ～ 2002）のリベラリズムが何らかの共同体を前提としたのに対し，ノー
ジックは共同体が発生する以前の状態を想定し，その上での国家の役割を考察した。
会話文中では，ギリシア政府によってパルテノン神殿へのアクセス制限が実施され
ていることが紹介されているが，選択肢 **e** ではこうした国家による介入は行われる
べきではないとする主張が見られる。空欄**イ**のもう一つの選択肢 **c** は，アメリカの
政治学者で倫理学者の**ロールズ**による**正義の原理**からのアプローチである。ロール
ズは，無知のヴェールがかけられた原初状態，すなわち自分の将来の可能性が一切
明かされない状態において人々が合意できるかどうかが，法や制度が正義にかなう
かどうかの判断となると論じた。選択肢 **c** では，「観光のさらなる促進によって，自
分や自分の住む地域にどのような変化がもたらされるかの情報が一切与えられてい
ない」という無知のヴェールがかけられた状態を想定し，それでも人々が合意でき
る観光のあり方を構築すべきだと論じており，ロールズの考え方に立脚している。
　　よって，⑤ がこの設問の正解となる。


**問4　　23 　正解は ②**

**a**　アメリカとスウェーデンを比較すると，短期旅行を含め海外経験のあるアメリカ
　の若者は全体の半数に満たないのに対し，スウェーデンの若者は 8 割以上が海外旅
　行などの海外経験を持つ。しかし，どちらの国の若者も，将来的に外国に住みたい
　と思う割合はほぼ同じ 30％台でフランス，イギリスよりも低く，海外居住志向はそ
　れほど高くない。

**b**　ドイツ，韓国，アメリカの比較。アメリカの若者は海外経験は決して多くないが，
　将来的に外国に住みたいと思う割合はドイツや韓国より高い。

　　よって，② がこの設問の正解となる。


**問5　　24 　正解は ③**

　　オーバーツーリズムをめぐる会話の中で，生徒 J は，地元住民は観光促進のメリッ
トを理解しつつ多少の不便を受け入れるべきだと主張し，生徒 K は，観光業を優先

にしたまちづくりには反対の立場をとっている。

　空欄 **a** の発言に対して，生徒Kは「開発が進むと地価が上昇して住民の住居費が圧迫される」など観光の促進が住民の生活に悪影響を及ぼしていると反論している。よって，空欄 **a** には観光を促進し開発を進めるべきだと解釈できる ①③④ の **a** が該当し，この時点で過度な開発には反対だとする選択肢 ② は排除できる。

　空欄 **b** の意見に対しては，生徒Lが「観光客と住民の両方にメリット」があると答え，生徒Jが「観光客の行動を変化させる」といっていることから，空欄 **b** には観光客の行動に影響を及ぼし，観光客と住民の両方にメリットがあると解釈できる①③ の **b** が該当する。④ の **b** は交通機関の混雑状況を把握できる住民向けのアプリを開発すればよいといっているが，これは住民のメリットいうよりもオーバーツーリズムによる住民のデメリットの緩和措置にすぎないので不適切である。よって，選択肢 ④ は排除できる。

　空欄 **c** では，直前に生徒Jが「自分たちのコミュニティは観光と相互に影響し合っているということを住民側が強く認識する必要がある」「観光の促進には地域の歴史的な地区や伝統建築の保護」も含まれると主張し，生徒Lは「観光の促進にこうしたメリットがあることは，住民も知っておくべきだ」とコメントしていることから，空欄 **c** には住民側が観光促進のメリットを意識するべきだと解釈できる ③④ の **c** が該当する。① の **c** は住民側にメリットがなく，② の **c** も行政が対応すべきだといっているにすぎず，住民側のメリットではない。よって，選択肢 ①② は排除できる。

　空欄 **d** は，直後に生徒Lが，「ツーリズムを軸にしたまちづくりには反対だということ？」と発言し，生徒Kは一部の産業に依存することのリスクを懸念していることから，空欄 **d** には ①③④ の **d** が該当する。

　よって，③ がこの設問の正解となる。

# MEMO

解答
解説

第 4 回

概観講義

出演：清水雅博先生

4

| 問題番号(配点) | 設問 | 解答番号 | 正解 | 配点 | 自己採点① | 自己採点② |
|---|---|---|---|---|---|---|
| 第1問 (28) | 問1 | 1 | ⑦ | 3 | | |
| | 問2 | 2 | ② | 3 | | |
| | 問3 | 3 | ④ | 3 | | |
| | 問4 | 4 | ① | 3 | | |
| | 問5 | 5 | ② | 3 | | |
| | 問6 | 6 | ③ | 3 | | |
| | 問7 | 7 | ④ | 3 | | |
| | 問8 | 8 | ③ | 3 | | |
| | 問9 | 9 | ③ | 4 | | |
| 小計（28点） | | | | | | |
| 第2問 (15) | 問1 | 10 | ② | 3 | | |
| | 問2 | 11 | ③ | 3 | | |
| | 問3 | 12 | ② | 3 | | |
| | 問4 | 13 | ⑥ | 3 | | |
| | 問5 | 14 | ④ | 3 | | |
| 小計（15点） | | | | | | |

| 問題番号(配点) | 設問 | 解答番号 | 正解 | 配点 | 自己採点① | 自己採点② |
|---|---|---|---|---|---|---|
| 第3問 (16) | 問1 | 15 | ② | 3 | | |
| | 問2 | 16 | ② | 3 | | |
| | 問3 | 17 | ④ | 3 | | |
| | 問4 | 18 | ④ | 3 | | |
| | 問5 | 19 | ② | 4 | | |
| 小計（16点） | | | | | | |
| 第4問 (16) | 問1 | 20 | ⑥ | 3 | | |
| | 問2 | 21 | ② | 3 | | |
| | 問3 | 22 | ③ | 3 | | |
| | 問4 | 23 | ④ | 3 | | |
| | 問5 | 24 | ① | 4 | | |
| 小計（16点） | | | | | | |
| 合計（75点満点） | | | | | | |

※共通テストで「公共，倫理」を解答科目にする場合は，試験の定める条件に合わせて大問1～4すべてを解答してください。配点は75点です。
※ぜひ，同シリーズの『公共』も合わせて演習してください。

## □ 第1問【江戸時代の感染症と人々】

### ねらい

江戸時代の感染症についての研究を題材に，日本の宗教や中国思想，西洋思想について幅広く出題した。江戸時代のおもな学問について出題した問1では，基本事項をおさえておきたい。江戸時代にはたくさんの学者が登場するが，学問ごとに分類して整理しておこう。問4では，奈良時代の仏教についてやや詳しく掘り下げた。鑑真が来日した目的は授戒制度の確立であることを知っておきたい。諸子百家を扱った問5は，思想家の思想の内容を知っているかが試されている。キーワードだけでなく，内容までおさえておこう。問8もやや詳細な知識が必要だが，誤答の選択肢を消去法で誤りと判断できれば正解できるだろう。問9では，ベーコンの帰納法について問われているが，帰納法や演繹法の考え方をマスターしておきたい。

### 解説

問1　　1　　正解は⑦

a　　**林羅山**（1583～1657）を代表とする朱子学は，江戸幕府の封建的身分制度の正当化につながり，幕府統治の礎となった。儒教の徳である礼を重視することで**上下定分の理**を正当化し，武士にはその理想像として**存心持敬**の念を持つことを説いた。常に心の中に敬の念を持ち続けることで，天地万物と人は一体化できる（**天人合一**）と説いた。これに対し，**安藤昌益**（？～1762）は，人間はみな平等に農耕に励むべきとする**万人直耕**を唱え，朱子学が正当化した封建的身分制度を批判し，**平等な社会の確立**を目指した。

b　　国学者である**本居宣長**（1730～1801）は，外来の思想である儒教や仏教に影響された考え方を批判し，『古事記』などに記された日本人古来の精神について研究した。儒教や仏教を中国の学問に感化された**漢意**とし，日本人が古来持ち合わせる偽りのない素直な心を真心と大和心と呼び，その心情を重視した。**垂加神道**を唱えたのは山崎闇斎（1618～82）である。儒学と神道を融合し，天道はすなわち人道であるという神人合一を唱え，幕末にかけて天皇崇拝と封建道徳を基本とする国粋主義的な尊王思想に傾斜していく。

c　　陽明学者の**中江藤樹**（1608～48）は，身分秩序に縛られる朱子学を批判し，内面的な道徳の原理として，自分をこの世に育くんだすべてのものへの感謝である**孝**

の精神を持ち，身分の違いにかかわらず**愛敬の心**を実際の行動として実践すべきだと説いた。孝の本質は家族間の愛情であり，孝の心情には身分の違いは存在しないとした。**山鹿素行**（1622〜85）は，『論語』などの原典を重視する古学を唱えた儒学者である。

よって，**⑦**がこの設問の正解となる。

**問2** 　2　 正解は②

ア　日蓮宗の開祖**日蓮**（1222〜82）に関する記述である。日蓮は，他国からの侵略などの国難を予言した『立正安国論』を著し，これを執権の北条時頼（1227〜63）に献じたことが原因で佐渡へ流罪となった。大乗仏教の経典の一つである『法華経』こそがブッダ（前463頃〜前383頃（前563頃〜前483頃など諸説あり））の教えを正しく述べていると主張した日蓮は，当時の社会不安の背景にあった疫病や飢饉などは人々が『法華経』に帰依しないために起きているとして，他宗を激しく非難した。なお，詩人・童話作家の宮沢賢治（1896〜1933）は『法華経』の信者であり，作品には大乗仏教の世界観が表現されている。

イ　日本臨済宗の開祖**栄西**（1141〜1215）に関する記述である。宋代の中国へたびたび入った栄西は，茶を持ち帰り，『喫茶養生記』を著し医薬として日本に紹介した。なお，平安時代の僧最澄（767〜822）も，茶を日本へ紹介している。

ウ　**市聖**と呼ばれたのは，平安時代中期の僧**空也**（903〜972）である。各地をめぐり，貧民の救済や土木事業などを実施しつつ，「南無阿弥陀仏」を唱える称名念仏を広めた。市聖のほか，阿弥陀聖とも呼ばれる。

エ　真言宗の開祖**空海**（774〜835）に関する記述である。唐で学んだ空海は，帰国後，高野山に金剛峯寺を建立し，密教を広めた。「生きているこの身がそのまま仏となる」とは即身成仏のことで，絶対者である大日如来と一体となることで実現するという。

オ　日本曹洞宗の開祖**道元**（1200〜53）に関する記述である。道元は，ひたすら坐禅に打ちこむ**只管打坐**によって，身も心も解き放たれる**身心脱落**に至ると説いた。人は誰でも悟りを開くことができると考えた道元は，修行を悟りのための手段としてではなく，修行そのものを悟りとして捉えた（**修証一等**）。

カ　栄西に関する記述である。当初，禅宗は旧仏教勢力からの弾圧を受けたが，栄西は著書『興禅護国論』で禅宗が鎮護国家にいかに役立つかを述べ，反論した。後に北条政子（1157〜1225）らの帰依を受けると，鎌倉・室町幕府の権力者たちとのつ

ながりの中で臨済宗は発展をみせ，建築や絵画，茶道など多方面に大きな影響を与えた。また，禅宗は人格の鍛錬を重視する教義により，武士層を中心に信者を増やした。

よって，**イ**と**カ**が栄西に関する記述なので，②がこの設問の正解となる。

## 問3　3　正解は④

④　罪や穢（けが）れとは，古代の日本人の罪悪観を表す言葉である。現在の道徳的な「罪」とは異なり，古代の「罪」は共同体の外部からやって来て平穏な生活を乱すものとして捉えられていた。

①②　清らかで神に対し偽るところのない純粋な心として重んじられた清（あか）き明（あか）き心（清明心（せいめいしん））は，後に「正直（せいちょく）」の徳として受け継がれていった。「正直（しょうじき）」は近世の思想家にも影響を与えた。

③　江戸時代の国学者である**賀茂真淵（かものまぶち）**（1697～1769）が理想とした「ますらおぶり」についての説明である。男性的でおおらかな心のあり方を示しており，『万葉集』にその歌風が見られる。「いさぎよさ」とは，清らかで穢れや卑怯さのないことで，日本人の伝統的な徳目の一つである。なお，「たおやめぶり」は女性的で繊細な心のあり方であり，『古今和歌集』や『新古今和歌集』などにその歌風が見られる。

## 問4　4　正解は①

①　誤文。**鑑真（がんじん）**（688頃～763）は，授戒（じゅかい）制度を日本にもたらすために来日した。授戒制度とは，国家の公認の僧として認定する制度のことで，仏教が普及しつつあった当時の日本では，授戒制度の確立が急がれていた。来日した鑑真は，東大寺に戒壇を設けて授戒制度を整えた。

②　正文。**南都六宗**は，法相宗（ほっそうしゅう），倶舎宗（くしゃしゅう），三論宗（さんろんしゅう），成実宗（じょうじつしゅう），華厳宗（けごんしゅう），律宗（りっしゅう）の六つの宗派からなる，朝廷が公認した仏教の宗派である。

③　正文。**私度僧（しどそう）**とは，国家が公認していない僧のことで，自分で出家を宣言した僧をいう。**行基（ぎょうき）**（668～749）は奈良時代の代表的な私度僧で，行基を中心とした私度僧の集団は，慈善活動などを行い，民衆から支持を集めた。

④　正文。『**三経義疏（さんぎょうのぎしょ）**』は，『法華経（ほっけきょう）』『勝鬘経（しょうまんぎょう）』『維摩経（ゆいまきょう）』の三つの大乗仏教の経典に注釈を加えたものである。聖徳太子（574～622）の作とされているが，確証はない。

問5　　5　正解は②

ア　墨家の祖**墨子**（前480頃〜前390頃）の**兼愛**についての記述である。儒家の説く愛は身内を重視するものだ（別愛）として批判した墨子は，人間は互いに広く愛し合うことで相互の利益が実現し，博愛平等の社会を形成できると論じた。

イ　儒教の祖**孔子**（前551頃〜前479）についての記述である。中庸とは，過不足のない行動や態度を保つことをいい，孔子はこれを完全無欠な徳であると述べた。中庸の概念は，孔子だけでなく古代ギリシアのアリストテレス（前384〜前322）（中庸，メソテース）やブッダ（中道）の思想にも見られ，いずれも極端を避けほどよい中間を保つことが好ましいとしている。

ウ　墨子の**非攻**についての記述である。人を殺めることは重大な罪にあたるのに，国家として他国を侵略し大勢を殺めることが賞賛されるのは矛盾しているとして，大国の侵略行為を厳しく批判した。一方で，小国には防御の必要を認め，優れた兵法や武器について研究を行った。

エ　**荀子**（前298頃〜前235頃）の**性悪説**についての記述である。荀子は，孟子（前372頃〜前289頃）の唱えた性善説を否定し，人間は孔子の説いた礼によって道徳規範を身につけ，その性質を矯正していかなくてはならないと主張した。

オ　法家の思想を大成した**韓非子**（？〜前233）についての記述である。韓非子は，後に始皇帝（前259〜前210，在位前221〜前210）の側近となる李斯（？〜前208）らとともに荀子に師事し，国家は性悪説に立脚した**信賞必罰**の法によって統治されるべきだと説いた。始皇帝は法家の思想にもとづき，法や刑罰によって国家の統一事業を行った。

　　よって，**ア**と**ウ**が墨子の思想にあたるので，②がこの設問の正解となる。

問6　　6　正解は③

　　資料1は，『老子』の口語訳で，「小国寡民」の箇所である。

③　**老子**（生没年不詳。前5〜前4世紀頃の人物と推定される）の「上善は水のごとし」の説明である。老子は，水がすべての生命に恵みを施しながら，最後は最も低い場所へと流れつきそこで満足している様子を最上の善にたとえた。また，水は柔らかいものでありながら，岩を削り地表を形づくったり，大きな船を浮かべることさえも可能にする強さを持っているとし，水のように柔和で謙虚であること（**柔弱謙下**）を生き方の指針とし，作為をなさず自然に生きる**無為自然**を唱えた。

① **荘子**（生没年不詳。前4世紀頃の人物といわれる）の「無用の用」の例である。「無用の用」とは，一見すると無駄に見えることであっても，世界全体から見ると重要な役割を担っているという考え方である。節だらけで曲がった木は，建材としても薪としても用途がなく，一見すると何の役にも立たないが，だからこそ伐採を免れると考えることができる。

② 陽明学の祖**王陽明**（王守仁）（1472～1528）の**知行合一**についての記述である。王陽明は，知っていることと行うことは，ともに同じ心の二つの作用であると考え，どちらも心の自己発展の形であると考えた。また，王陽明は，朱子学の理気二元論を批判し，理は客観的に存在するものではなく，人間の心そのものである（**心即理**）と主張した。一方の朱子学では，理をこの世界の根本原理と位置づけ，探究の対象とした。

④ **孟子**の**性善説**の例である。人間の生まれつきの性は善であると考えた孟子は，人間には，惻隠の心，羞悪の心，辞譲の心，是非の心の**四端**と呼ばれる徳の芽生えの心が備わっていると論じた。その上で，これらを養い育てていけば，仁・義・礼・智の**四徳**を備えた人格が完成するとした。孟子によると，お腹を空かせた子どもに対していたたまれない感情を抱くのは惻隠の心の働きによるものである。

整理▷朱子学と陽明学

|  | 朱子学 | 陽明学 |
|---|---|---|
| 人物 | 朱子（朱熹） | 王陽明（王守仁） |
| 特色 | 理論的 | 実践的 |
| 本質 | 性即理 | 心即理 |
| 生きる姿勢 | 居敬窮理 | 知行合一 |
| 聖人の道 | 格物致知 | 致良知 |
| 基本原理 | 理と気 | 良知 |

問7 **7** 正解は ④

ア **キケロ**（前106～前43）はローマ時代の政治家で**ストア派**の哲学者である。ギリシア哲学を学び，これをラテン語でローマ世界へ広めた。ゼノン（前335～前263）はヘレニズム時代の哲学者でストア派の創始者である。なお，ゼノンの「自然に従っ

て生きる」ことを重視した思想は，自然法思想の源流といえる。パトス（情念）に左右されない**不動心（アパテイア）**を持つことが幸福であり，理想であるとした。

**イ** **セネカ**（前5／4頃〜後65）は後期ストア派の哲学者で，ネロ（37〜68，在位54〜68）の家庭教師になり，ネロが皇帝になってからは政治顧問に就任した。**プロティノス**（204〜270）は新プラトン派（新プラトン主義）の哲学者である。新プラトン派は3〜6世紀頃に盛んとなった思想で，**プラトン**（前427〜前347）の哲学にピタゴラス（前6世紀頃）やアリストテレス，ストア哲学，さらには神秘的要素を加えたものである。

**ウ** 「**耐えよ，控えよ**」とは，運命はすべて自己の権限外であり神の摂理に任せよとする**エピクテトス**（55頃〜135頃）の言葉である。人間は自己の権限内にある自由な意志によって精神的に自由に生きるべきだとしている。「隠れて生きよ」は**エピクロス派**の教えである。ストア派は禁欲主義に立つが，エピクロス派は快楽主義に立つ。しかし，その快楽とは享楽的，肉体的な快楽を追求することではなく，飢えや渇き，肉体的苦痛や煩わしさのない**アタラクシア**（心の平静さ）を実現することを意味する。

　　よって，**④**がこの設問の正解となる。

**問8** **8** 正解は③

**ア** 18〜19世紀のドイツ観念論の哲学者**シェリング**（1775〜1854）の主張である。自然と精神，または主観と客観を統一し，その根底に絶対者を求めるシェリングの思想を客観的観念論という。シェリングはルター派聖職者の家庭に生まれ，芸術家とも交流し芸術哲学を重んじたが，彼と親交のあった**ヘーゲル**（1770〜1831）はシェリングに弁証法の視点が欠けていると指摘した。シェリングと同様に，オランダの哲学者**スピノザ**（1632〜77）もまた，二元的対立は神によって統一されると考えた。スピノザは，デカルトが主張した物心二元論を研究し，思考（精神）と物体（身体）は絶対者である神の持つ二つの側面であると解釈した。

**イ** 20世紀のドイツの**フランクフルト学派**の哲学者・社会学者として知られる**ホルクハイマー**（1895〜1973）や**アドルノ**（1903〜69）らの主張である。彼らは，近代的理性は目的を合理的に実現するための手段（道具的理性）になってしまい，目的の是非を問うことのない道具的理性は，ホロコーストのような悲劇にすら追従してしまうと主張し，批判的理性を取り戻すことが必要だと説いた。

ウ　18〜19世紀のドイツの哲学者**ヘーゲル**の世界精神に関する説明である。ドイツ観念論は，カント（1724〜1804）に始まり，フィヒテ（1762〜1814），シェリングを経てヘーゲルにおいて完成する。カントによる「目的の王国」を，ヘーゲルは現実の社会の中で考え，カントのいう道徳と社会契約説を人倫の体系において総合した。ヘーゲルは，人が本質的に持つ自由を守る絶対精神が世界精神となり，世界の歴史が構築されていると考え，世界の歴史は自由を求める歴史であると捉えた。「正」「反」「合」という弁証法によって世界の歴史の動きを証明し，世界精神が情熱的な人や民族を通して，その時代の自由を獲得しようと企むことを「**理性の狡知（理性の詭計）**」と呼んでいる。

エ　20世紀のドイツのフランクフルト学派の社会心理学者フロム（1900〜80）による，**権威主義的パーソナリティ**である。社会の政治・経済的構造によって形成される，人々に共通の特性を社会的性格と呼ぶが，フロムは，自由が実現した近代において，人々は自由であるがゆえの孤独や無力感に支配され，自分を導いてくれる存在への依存を強めると分析した上で，ファシズムの背景には権威主義的パーソナリティがあったと論じた。主著に『自由からの逃走』がある。

　　よって，**イ**と**エ**が20世紀の思想家の主張の組合せとなるので，**③**がこの設問の正解である。

問9　9　正解は③

ア　ベーコン（1561〜1626）による**経験論**は，知識の真理性の根拠を経験に求める立場。デカルト（1596〜1650）らに代表される合理論とは対立する立場である。

イ　デカルトやスピノザ，ライプニッツ（1646〜1716）らによる**合理論**の説明。デカルトもベーコンと同じくスコラ哲学を抽象的として批判したが，物事の真偽や善悪の基準を人間理性に求めた点で経験論と対立する。

ウ　**生得観念（本有観念）**とは，デカルトによると，神の観念や善悪の観念など人間が生まれながらに備えている観念のこと。**ボン＝サンス（良識）**はすべての人に公平に与えられているので，事象については疑いに疑って，疑いえない事実を公理とするという**方法的懐疑**を重視した。知識の源泉を感覚的経験に求める経験論は，デカルトの考え方を批判する。

エ　ベーコンは物事を正しく認識することを妨げる偏見や先入観を**イドラ**と呼び，人間の本性に根ざした錯覚などの「種族のイドラ」，個人が持つ自分の偏狭な価値観である「洞窟のイドラ」，社会生活における不適切な，あるいはあいまいな言語の使用

やうわさによって生まれる偏見である「市場のイドラ」，伝統や権威を盲信的に過信することから生じる「劇場のイドラ」の四つに分類した。

**オ**　ベーコンは，経験の裏づけのない独断的な考え方を独断論と呼んで演繹法を批判し，これをクモが自分で糸を吐き出して網を作る様子にたとえた。頭の中の観念的な思考によって自分で勝手に空論を作り出すことを意味する。

**カ**　ベーコンは自らの帰納法についてミツバチを例に説明した。ミツバチが花の蜜を自分の力で変形させ消化するプロセスを，多くの事例を収集した後に特殊なものを除外し，仮説に対して否定的な事例を考慮して，より一般的な命題にたどり着く帰納法の理想的なプロセスにたとえている。

　　よって，③がこの設問の正解となる。

## □ 第2問 【野生動物と人間の暮らし】

### ねらい

近年，世界各地で問題となっている市街地への野生動物の出没をテーマに，環境問題を扱った。ピーター＝シンガーの動物解放論について出題した問1では，ピーター＝シンガーが一般的な動物愛護を主張しているわけではないことを知っておく必要がある。日本のクマ問題を扱った問2では，資料と文章から日本の自然環境に起きた変化を読み取ることが求められる。問4では，西洋近代の思想家を扱った。人物名やキーワードだけでなく，思想の内容まで理解しておきたい。問5では，資料が神社合祀令に関するものであることを読み取りたい。また，柳田国男と折口信夫の思想の違いも区別しておこう。

### 解説

**問1**　　**10**　　正解は ②

**ピーター＝シンガー**（1946～）は，オーストラリアの応用倫理学者である。著書『動物の解放』において，人間という種に属さないという理由で動物の生きる権利を奪ってはならないと論じたが，これは苦痛を取り除くことに人間と同等の利益がある前提で，動物の権利を守ろうとする立場であることに注意が必要である。

② 正文。ピーター＝シンガーの動物解放論は，動物にも苦痛の回避に利益があるということを軽視してはいけないとする立場である。

①④ 誤文。ピーター＝シンガーの動物解放論は，人間も動物も同様に苦痛を避けることを望むことを根拠に，動物に配慮する人間の義務を主張している。「平等の根拠は幸福・苦痛を享受する能力にある」とするベンサム（1748～1832）の功利主義を動物にも応用し，動物が人間と同じように苦痛を感じるなら，これを回避する利益について人間と同等に考慮するべきだとした。よって，人間と動物の生命の質といった観点ではなく，苦痛を避けることに利益があるかどうかという観点から，人間と同等に苦痛の回避に利益のある場合，人間と動物の間に差別（**種差別**）があってはならないとする。

③ 誤文。『旧約聖書』に見られる価値観である。『旧約聖書』の創世記では，神は人間を自分の形に似せて作り人間以外の生き物と区別した上で，人間に対し「産めよ，増えよ，地に満ちて地を従わせよ。海の魚，空の鳥，地の上を這う生き物をすべて支配せよ」（創世記1章28節　『聖書　新共同訳』）と語りかける。

問2　**11**　正解は ③

　　ア・イには**世代間倫理**，または**自然の生存権**が入る。レポート中，アにはどちら
が入るか手がかりとなる情報が何もないが，レポートの最後にイについての説明が
あるので，イを判別することで消去法でアが明らかになる。レポートは最後の文章
で「森林の面積が増え，野生動物の生息域が広がった」と説明していることから，
近年になって自然の生存権がないがしろにされたとはいえない。よって，イは「自
然の生存権」に特定される。消去法によって，アは「世代間倫理」となる。自然の
生存権とは，人間だけでなく，動植物や景観などにも生存の権利を認める考え方で
ある。世代間倫理はドイツ出身の哲学者ハンス＝ヨナス（1903 ～ 93）が提唱した概
念で，現在の世代は未来の世代の生存に責任があるとする考え方である。地球全体
主義は地球有限主義とも呼ばれ，地球が閉じた空間であることを前提に資源エネル
ギーの利用について考えるべきだとする主張である。これら三つが環境倫理の三本
柱とされている。

　　**ウ**には**再生**が入る。**資料1**とレポートから，明治時代以降の治山事業やライフス
タイルの変化によって山には森林が戻ったことが読み取れる。もう一つの選択肢の
破壊が行われたわけではない。

　　よって，**③**がこの設問の正解となる。

問3　**12**　正解は ②

　　アメリカの心理学者**マズロー**（1908 ～ 70）による**欲求階層説**である。マズロー
は，人間の欲求には階層があると考え，睡眠や呼吸，飲食などの生理的欲求，身体
の安全の欲求，集団への所属や愛情により結ばれた人間関係の欲求，他者からの承
認や自尊心などの欲求という四つの**欠乏欲求**があり，その先には自分の可能性と目
標を実現する自己実現の欲求が存在するとした。これら欲求は，低次の欲求から高
次の欲求へと階層をなしており，最も高い欲求である自己実現の欲求は，欠乏欲求
に対して**成長欲求**と呼ばれ，自分を高め，幸福な人生を送るために重要な欲求だと
位置づけられている。**クワイン**（1908 ～ 2000）は，アメリカの哲学者で，個々の知
識や理論はそれを含む全体の枠組の中でしか理解されえないという**知の全体論
（ホーリズム）**を唱えた。

　　よって，**②**がこの設問の正解となる。

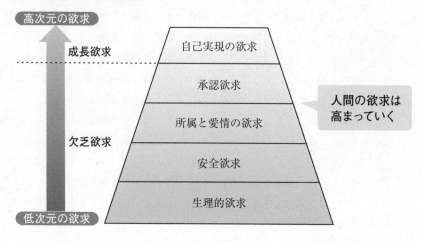

整理▷マズローの欲求階層説

高次元の欲求

成長欲求

自己実現の欲求

承認欲求

所属と愛情の欲求

人間の欲求は
高まっていく

欠乏欲求

安全欲求

生理的欲求

低次元の欲求

問4　　13　正解は⑥

ア　アメリカの科学史家**クーン**（1922～96）の主張である。クーンは，理論的枠組み（**パラダイム**）の転換に注目し，新事実の発見の集積が従来のパラダイムから新しいパラダイムへの構造転換（パラダイムシフト）をもたらすと考えた（**科学革命**）。コペルニクス（1473～1543）の地動説やアインシュタイン（1879～1955）の相対性理論などがパラダイムシフトにあたる。

イ　イギリスの博物学者で生物進化論を確立した**ダーウィン**（1809～82）の主張である。イギリス海軍の測量に同行し世界各地の自然を観察する中で，**自然淘汰（自然選択）**の理論を打ち立てた。環境に適応できる変異を起こしたものが生き延び，その遺伝子が子孫に伝えられることで，環境に適応した種が生存すると考えた（**適者生存**）。

ウ　フランスの哲学者**ベルクソン**（1859～1941）の主張である。ダーウィンの進化論が種の直線的かつ系統的な進化を説明したのに対し，ベルクソンは予測不能な多方向へ拡大する創造的進化を論じた。「**生の躍動（エラン・ヴィタール）**」とは，宇宙における生命進化の根源となる，生命の創造的な力を意味するベルクソンによる用語である。

　　よって，⑥がこの設問の正解となる。

問5　　14　正解は ④

　　資料２は，1872 年と 1906 年の二度にわたり明治政府が出した神社の統廃合令を
めぐり国会で行われた演説の一部である。

ア　神社合祀が入る。神社の統廃合令では，一つの町村につき一つの神社を置くこと
を全国で標準化しようとした。地方によってはこれが強圧的，強権的に実施された
ため，神社をとりまく森林が伐採されて鎮守の森が破壊され，生態系や自然景観な
どが失われる結果となった。これを危惧した生物学者・民俗学者の南方熊楠（1867
〜 1941）は，合祀反対運動を展開した。廃仏毀釈とは，1868 年に明治政府が出し
た神仏分離令をきっかけに行われた，仏教の寺院や仏像などを破壊する運動のこと
である。神道が国教とされたことから，明治政府は神社から仏像などを撤去するこ
とを命じたが，これが過激化し仏教排斥運動へとつながった。

イ　日本民俗学の創始者である柳田国男（1875 〜 1962）は，民間の生活様式や文化
の伝承を受け継いできた人々を「常民」と呼び研究対象とした。日本の神は海の彼
方からやってきた客人である「まれびと」であるとしたのは折口信夫（1887 〜 1953）
である。折口も南方同様に柳田と親交があったが，神に対する捉え方は両者で異な
る。柳田は，村人たちが信仰する神は彼らの先祖の霊であり，村を見下ろす山にい
ると考え，一方，折口は海の彼方の常世の国からやって来て豊穣をもたらす客人で
ある「まれびと」が日本の神の原像だと考えた。

　　よって，④がこの設問の正解となる。

## □ 第 3 問【近代化と女性】

### ねらい

　18世紀フランスの劇作家でフェミニズムの先駆者となったオランプ゠ド゠グージュと「人権宣言」の話題を軸に，近現代の思想家について出題した。問2は，知識と会話文の読み取りの両方が試されている。問3と問4では，近代化の過程で活躍した日本の思想家や文学者についての出題である。問3ではやや詳細な知識が，問4では資料の読み取りが求められている。「ケアの倫理」を扱った問5では，会話文を手がかりに「ケアの倫理」が主張している内容を読み取ることが求められている。

### 解説

**問1** 　15　 正解は ②

② **ピコ゠デラ゠ミランドラ**（1463～94）は，イタリアの人文主義者である。諸国を遍歴し，ユダヤ教やイスラーム教の哲学を学び，あらゆる思想や宗教は同じ真理の表現であると考え，これらを一つに融合しようとしたがローマ教皇に破門された。演説原稿『**人間の尊厳について**』の中で，人間は自己の生き方を自由に選ぶことができ，**自由意志**で自らを作り上げることができるところに尊厳があると論じている。

① イギリスの人文学者**トマス゠モア**（1478～1535）についての説明である。当時のイギリスで行われていた**囲い込み運動**（エンクロージャー）が農民たちに困窮を強いたことを批判し，著書『**ユートピア**』で私有財産制度のない平等な理想社会（共産主義的な理想社会）を描いた。

③ **エラスムス**（1466頃～1536）についての説明だが，後半の「ルターの宗教改革を積極的に擁護した」が誤り。エラスムスは，著書『**愚神礼讃**』（『痴愚神礼讃』）でカトリック教会の堕落を痛烈に批判したが，自由意志をめぐってはルターと対立した。エラスムスが人間の自由意志を信頼したのに対し，ルターは人間はその原罪ゆえ自由意志は神からの離反であり，救いは神への信仰のみであるとする**信仰義認説**の立場をとった。

④ **マキャヴェリ**（1469～1527）についての説明である。著書『**君主論**』で現実的な統治技術について論じている。国家の統治のためには反道徳的な手段を用いることも許されるとする**権謀術数**はマキャヴェリズムとも呼ばれ，非道徳的な政治原理の代名詞となった。君主の理想を「**ライオンの力とキツネの知恵**」を兼ね備え，目的

のためなら手段を選ばない資質を備えた者と捉えた。

**問2** ［16］ 正解は②

ア　ボーヴォワール（1908 ～ 86）が入る。著書『第二の性』において，女性が抑圧されてきたのは女性生来の性質ではなく，人間の手で形成された社会と文化が作り出した性の価値観によるものであると主張し，第二次世界大戦後に活発化したフェミニズム運動の先駆的存在となった。**シモーヌ＝ヴェイユ**（1909 ～ 43）はフランスの思想家で，低賃金かつ重労働の工場労働を体験し，スペイン内戦に義勇軍として参加するなど，自ら進んで過酷な環境に身を置いた。こうした経験を経て，ヴェイユは社会主義運動や労働運動ではなくキリスト教に傾倒していくが，その信仰はイエス＝キリスト（前7頃／前4頃～後30頃）の受難を自分のものとして受け止め，不幸と向き合うことで恩寵を受けられるとするものだった。

イ　「家庭生活との両立が難しいことが第1位にあがっているのに，必要と思う施策の上位二つが問題の根本解決に結びついていない」が入る。生徒Ⅰの発言の直後の生徒Hの発言からは，選択肢のどちらが当てはまるのかを推測することは困難だが，続く生徒Gの発言を手がかりにしたい。生徒Gは，「僕はⅠさんとは逆に」「制度そのものの変更によって家庭生活との両立が可能になるかもしれない」と発言しており，ここから生徒Ⅰが「家庭生活との両立」について述べたことが推測できる。もう一つの選択肢では「クオータ制」や「政治は男性のものとの考え方」に言及しているが，最後の生徒Gの発言にはこれらに関連づけられる内容が含まれていない。

　　よって，②がこの設問の正解となる。

**問3** ［17］ 正解は④

ア　三木清（1897 ～ 1945）についての説明である。三木はドイツとフランスに留学し，ハイデッガー（1889 ～ 1976）のもとでニーチェ（1844 ～ 1900）やキルケゴール（1813 ～ 55）について研究した。人間の歴史は人間の行為が作り上げたものだとした上で，三木は，広い意味でものを作ること，制作や創造を「構想力」と位置づけて，構想力が歴史を築き上げる力だと主張した。

イ　森鷗外（1862 ～ 1922）の「諦念（レジグナチオン，諦め）」についての説明である。自己の内面と社会の中での自己の立場の矛盾に悩んだ鷗外は，矛盾に出合った時に自己を貫くよりも，自らの立場を冷静に受け止めつつ心の安定を図り，しかし

自己を埋没させまいとする諦念の境地にたどり着いた。

ウ　夏目漱石（1867 ～ 1916）の「**自己本位**」と「**則天去私**」についての説明である。イギリスに留学した漱石は，日本と西洋の隔絶を感じ，それまでの自分が自己を見失い他人に迎合する他人本位であったことに気づく。そこで，自我の内面的欲求に従って生きる「自己本位」な生き方と個人主義を主張し，自分の存在と他者の存在の両方を尊重し認めるべきだと考えた。自己本位とは他者を犠牲にするエゴイズム（自己中心主義）とは本質的に異なり，他者を尊重しつつ自分の内面的欲求（自我）を追求することを意味する。晩年には「則天去私」を主張し，自然の道理に従い運命に甘んじて一切を受け入れるという東洋的な心境に至った。

よって，④がこの設問の正解となる。

**整理 ▷その他の近代文学者**

| | |
|---|---|
| **島崎藤村** | 詩集『若菜集』においてはロマン主義的な作風であったが，その後に著した小説『**破戒**』は自然主義文学の先駆となった。 |
| **国木田独歩** | 自然主義文学の作家。独立独歩の自己の確立を目指した。 |
| **石川啄木** | 自然主義文学の詩人。自己の問題と向き合う中で**社会主義に傾倒**した。 |
| **宮沢賢治** | 詩人，童話作家。法華経への信仰にもとづいて独自の思想を形成した。 |
| **武者小路実篤** | 雑誌『**白樺**』を創刊し，理想主義を標榜する白樺派の中心となった。「新しき村」というユートピア的な小共同体を建設。 |
| **志賀直哉** | 白樺派の作家。自我の形成とそれにともなう苦悩を描いた。主著は『**暗夜行路**』『**和解**』など。 |

問4　| 18 |　正解は④

文章は，幸徳秋水（1871 ～ 1911）の『廿世紀之怪物帝国主義』からの引用である。中江兆民（1847 ～ 1901）のもとで民主主義を学んだ幸徳秋水は，労働・社会主義運動の指導者である片山潜（1859 ～ 1933）らと知り合うと，社会主義運動に関わるようになった。日露戦争に際しては『平民新聞』を立ち上げて非戦論を展開した。アメリカへの留学後には無政府主義を唱えるとともに思想を急進化させ，議会主義派の片山潜とも決別した。明治天皇（1852 ～ 1912，在位 1867 ～ 1912）の暗殺計画があったとして無政府主義者が弾圧された**大逆**事件で処刑されたが，現在では

幸徳秋水は事件には無関係だったと考えられている。文章からは社会主義思想がうかがえるが，これを幸徳秋水の文章と特定するのは難しいかもしれない。しかし，選択肢から消去法で正解を絞り込めるほか，非戦論と社会主義思想を結びつけることでも幸徳秋水と推測することができる。

④　**幸徳秋水**の『平民主義』からの引用である。日露戦争に際し，戦争には道徳の面からも，政治の面からも，経済の面からも良いことなど一つもなく，逆に社会の正義を破壊し，人々の利益と幸福が踏みにじられると論じ，非戦論を展開した。

①　**吉野作造**（1878〜1933）の論説『憲政の本義を説いて其の有終の美を済すの途を論ず』からの引用である。**民本主義**は，大正デモクラシーを支える柱となった理論であり，現代の民主主義が主権在民を意味するのとは違い，国家の活動の目的は人民であるとした考え方である。大日本帝国憲法下の天皇主権というしくみの中で，主権の運用は人々のためになされるべきだと論じた。

②　**西田幾多郎**（1870〜1945）の『善の研究』からの引用である。**純粋経験**とは，何かを体験した時にそれについての思考が加わる前の直接の経験のことで，西田はこれこそが唯一の実在であると考えた。この状態では，デカルトが区別した主観と客観（物心二元論）はまだ区別されていない（**主客未分**）。

③　**新渡戸稲造**（1862〜1933）の『**武士道**』からの引用である。新渡戸稲造は明治時代末期から昭和初期にかけての教育者で，キリスト者である。欧米への留学を経て『武士道』を著し，日本人の道徳観の根本にある武士道はキリスト教を受容する素地になると論じた。1920年に発足した国際連盟では事務次官を務めた。

**問5** 　19 　正解は②

　　**資料**は，アメリカの心理学者ギリガン（1937〜）の『もうひとつの声』からの引用である。ギリガンは，男女間で道徳問題に関するアプローチが異なる点に着目し，男性が道徳問題をおもに権利や規則などの観点から捉えるのに対し，女性は人間関係上の責任という観点から捉えている（**ケアの倫理**）と論じた。女性には，伝統的に子どもや要介護者などの弱い立場の人々を世話する社会的役割が与えられてきた。ギリガンは，女性には他者から発せられる要求へ応答する責任を重視する傾向があることを発見し，男女の違いを研究した。選択肢では，②の組合せを除き，ジェイク（男）とエイミー（女）の考え方が逆になっている。

　　よって，②がこの設問の正解となる。

## ねらい

資料問題となっている問1や問2では，理解があいまいだったとしても会話文や資料からヒントを得ることができるだろう。問2では，ブッダの中道の正確な知識を要求しているが，資料をヒントに選択肢を絞ることは十分可能である。短時間で文章を理解することが入試本番では求められる。功利主義について扱った問3では，ベンサムと J.S. ミルの功利主義の違いを明確に理解しておこう。古代の思想家について出題した問4は，人物名とその主張，その主張の内容にまで踏み込んで理解しておきたい。問5では，文脈の読み取りと知識の両方が試されている。選択肢と会話文を読み比べ，組合せを絞り込もう。

## 解説

**問1** 　20 　正解は⑥

ア　資料1が「**創世記**」，資料2が「**出エジプト記**」であることに加え，会話文からユダヤ教の聖典『**旧約聖書**』だと判別できる。

イ　十戒は，ユダヤ教における宗教的な戒律である**律法**（トーラー）の中心をなす。唯一神ヤハウェがイスラエル人（ユダヤ人）に課した戒律であり，絶対的な掟である。イスラエル人は神から選ばれた民（**選民思想**）として律法を遵守し，神はその見返りとして彼らを救済する**契約**を結んだとされる。『新約聖書』では，神がイエス＝キリストを通じて，選ばれた特定の民族だけではなく人類を救済の対象とした。キリスト教はユダヤ教の律法主義を批判し，神の無差別・平等の降り注ぐ**愛**（**アガペー**）による，すべての人の救済を説いたことから，世界宗教に発展していく。

よって，⑥がこの設問の正解となる。

**問2** 　21 　正解は②

資料3では，快楽の追求や苦行は「真の目的にかなわない」としている。ブッダは自分を徹底的に痛めつける苦行を6年間にわたり行ったが，真理を得ることができず，苦行を捨てて坐禅を組み，静かに瞑想を行うことで悟りに至った。

ブッダによる「**中道**」とは，快楽の追求や苦行などの極端な行いを避け，健康な生活を送りながら冷静な思考力をもって知恵を磨き真理を求める道をいう。涅槃に至るための八つの修行方法は**八正道**であり，煩悩を断ち切るために誰もが守らなけ

ればならない普遍的な規範である。

よって，②がこの設問の正解となる。

整理▷八正道

| 正見<br>しょうけん | 正しい認識 | 正命<br>しょうみょう | 正しい生活 |
|---|---|---|---|
| 正思惟(正思)<br>しょう し い | 正しい思考 | 正精進<br>しょうしょうじん | 正しい努力 |
| 正語<br>しょう ご | 正しい言葉 | 正念<br>しょうねん | 正しい見解を念じること |
| 正業<br>しょうごう | 正しい行い | 正定<br>しょうじょう | 正しい瞑想 |

**問3** 22 正解は③

③ **J.S. ミル**（1806 ～ 73）は，「満足した愚か者であるよりは，不満足なソクラテス
である方がよい」と述べ，快楽にも質の違いがあり，精神的快楽を追求する**質的功
利主義**を唱えた。J.S. ミルによると，人間は社会的道徳に反し利己的に振る舞った
時に良心の責めを感じ，これにより利己的な行動を規制（内的制裁）できるという。
ベンサム（1748 ～ 1832）は四つの制裁（サンクション）を利己的な行為の規制の理
由にあげたが，J.S. ミルはこれに内的制裁を加え，人間は社会的感情を持つことか
ら，利己的な行為だけでなく利他的な行為によっても幸福を得られるものだとした。

①② J.S. ミルより前に功利主義を提唱した**ベンサム**の思想である。ベンサムは快楽計
算説に立ち，「**最大多数の最大幸福**」を追求する**量的功利主義**を唱えた。

④ J.S. ミルは，他者に直接悪影響を与えないのであれば，周囲から愚かに見えても
本人にとっては価値がある行動を妨げるべきではないことを**愚行権**とし，愚行の自
由は他者に危害を与える場合には制限されるべきであるとする**他者危害の原則**を述
べている。逆にいえば，他者の不利益とならない限り，行動の自由は尊重されるべ
きであり，社会が干渉すべきではないと考えている。

**問4** 23 正解は④

ア プラトンは，三つの徳のうち，統治者階級が**知恵の徳**を，防衛者階級が**勇気の徳**
を，生産者階級が**節制の徳**をそれぞれ備え，各々自らの役目に専念すべきだと説い
た。また，哲学を学んで**善のイデア**に関する知恵を持つものが国を統治すべきとい
う**哲人政治**によって，国家には**正義の徳**が実現されると主張した。

イ 孔子は，統治者自らが内面的徳性である**仁**と外面的徳性である**礼**の徳を体得し，

周囲の模範となることで人々を内面から感化させることができると説いた。「己を修めて人を治める」という**修己治人**が，為政者のあるべき姿であるとした。

よって，④がこの設問の正解となる。

整理▷**プラトンの「四元徳」**

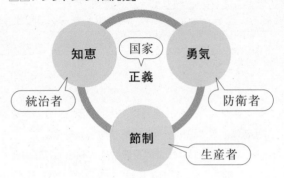

問5 <u>24</u> 正解は ①

ア ソフィストの**プロタゴラス**（前480頃〜前410頃）が入る。「**人間は万物の尺度である**」の言葉で知られるプロタゴラスは，善・悪や正・不正の判断はそれぞれの人間によって異なる（**相対主義**）とし，普遍的な価値基準は存在しないと考えた。会話文では，人道は最も重要視されるべき普遍的価値であると標榜していたはずの欧米諸国が，イスラエルのガザ地区への無差別攻撃に対してはイスラエル寄りの姿勢を示したことで，人道が揺るぎない価値であるという前提が崩れ，何を重要視するかはその時の情勢や国際関係による相対的なものだということが明らかになったと述べられている。プロタゴラスらソフィストの主張した相対主義に対し，**ソクラテス**（前469頃〜前399）は，人間の価値観には普遍性があるはずだと考え，これを追求した。

イ 続く生徒Jの発言の最後に，「同質性が国家としてのまとまりの条件ではなくなった」とあることから判断できる。**ナショナリズム**とは，政治的な単位としての国家を単一の文化や民族で構成しようとする思想のことであり，そのような国家を**国民国家**と呼ぶ。近年では，グローバル化の進展によって言語・宗教・人種などの文化的背景の異なる人々が同一の国家に混住しており，国民国家の存続は事実上不可能になりつつある。②のイは，文化相対主義ではなく**多文化主義**の説明であり，③の

イは多文化主義ではなく**文化相対主義**の説明である。多文化主義とはマルチカルチュラリズムとも呼ばれ，それぞれの民族の持つ文化やアイデンティティを尊重し，民族間の共生を目指そうという考え方である。オーストラリアでは多文化主義を取り入れ 1970 年代に白豪主義政策を撤廃した。文化相対主義は，文化はそれぞれ固有の歴史を背景に発展してきたものであり，優劣をつけることはできないとする考え方である。**ステレオタイプ**はアメリカのジャーナリストの**リップマン**（1889 ～ 1974）による言葉で，固定観念のことである。リップマンは，人々が社会や文化によって定義されたステレオタイプというフィルターを通して物事を画一的に理解していると指摘した。

ウ　①と③の**ウ**は，文脈上いずれも正解となる。②の**ウ**は，フランスの空想的社会主義者**フーリエ**（1772 ～ 1837）が目指したファランジュである。ファランジュは農業を基本とした共同体で，生産・分配・消費を共同で行おうとするものであり，共同体の中では男女の平等や，個人と社会双方の利益が実現するという。④の**ウ**は，イスラームの共同体**ウンマ**である。ウンマは，単なる宗教的な共同体ではなく，イスラーム法にもとづき宗教と政治が一体となった共同体を指す。

　　よって，①がこの設問の正解となる。

## 東進 共通テスト実戦問題集 倫理

発行日：2024年 6月 30日　初版発行

著者：清水雅博
発行者：永瀬昭幸
発行所：株式会社ナガセ
〒180-0003 東京都武蔵野市吉祥寺南町 1-29-2
出版事業部（東進ブックス）
TEL：0422-70-7456 ／ FAX：0422-70-7457
URL：http://www.toshin.com/books/（東進WEB書店）
※本書を含む東進ブックスの最新情報は東進WEB書店をご覧ください。
編集担当：倉野英樹

制作協力：上垣結子
編集協力：清水健壮　深澤美貴

デザイン・装丁：東進ブックス編集部
DTP・印刷・製本：シナノ印刷株式会社

※本書を無断で複写・複製・転載することを禁じます。
※落丁・乱丁本は東進WEB書店 <books@toshin.com>にお問い合わせください。新本におとり
　かえいたします。但し、古書店等で本書を入手されている場合は、おとりかえできません。なお、
　赤シート・しおり等のおとりかえはご容赦ください。

© SHIMIZU Masahiro 2024　Printed in Japan
ISBN978-4-89085-961-0　C7312

**東進ブックス**

編集部より

# この本を読み終えた君に
# オススメの３冊！

共通テスト「公共」分野の対策問題集。オリジナル問題4回分を収録。著者のワンポイント解説動画付!

「完全予想問題＋厳選過去問」を分野・テーマ別に収録。時事テーマもフォローした共通テスト対応の完全版!

基本事項を過去問からピックアップ。重要テーマは「完全予想問題」として改題・新作した共通テスト対応の完全版!

# 体験授業

※1講座(90分×1回)を受講できます。
※お電話でご予約ください。
　連絡先は付録7ページをご覧ください。
※お友達同士でも受講できます。

# この本を書いた講師の
# 授業を受けてみませんか？

東進では有名実力講師陣の授業を無料で体験できる『体験授業』を行っています。「わかる」授業、「完璧に」理解できるシステム、そして最後まで「頑張れる」雰囲気を実際に体験してください。(対象：中学生・高校生)

清水雅博先生の主な担当講座　※2024年度
「大学入学共通テスト対策　公共，倫理」など

### 東進の合格の秘訣が次ページに

# 合格の秘訣1 全国屈指の実力講師陣

## 東進の実力講師陣
## 数多くのベストセラー参考書を執筆!!

東進ハイスクール・
東進衛星予備校では、
そうそうたる講師陣が君を熱く指導する!

本気で実力をつけたいと思うなら、やはり根本から理解させてくれる一流講師の授業を受けることが大切です。東進の講師は、日本全国から選りすぐられた大学受験のプロフェッショナル。何万人もの受験生を志望校合格へ導いてきたエキスパート達です。

## 英語

本物の英語力をとことん楽しく!日本の英語教育をリードするMr.4Skills.

安河内 哲也先生
[英語]

100万人を魅了した予備校界のカリスマ。抱腹絶倒の名講義を見逃すな!

今井 宏先生
[英語]

爆笑と感動の世界へようこそ。「スーパー速読法」で難解な長文も速読即解!

渡辺 勝彦先生
[英語]

雑誌『TIME』やベストセラーの翻訳も手掛け、英語界でその名を馳せる実力講師。

宮崎 尊先生
[英語]

いつのまにか英語を得意科目にしてしまう、情熱あふれる絶品授業!

大岩 秀樹先生
[英語]

全世界の上位5%(PassA)に輝く、世界基準のスーパー実力講師!

武藤 一也先生
[英語]

関西の実力講師が、全国の東進生に「わかる」感動を伝授。

慎 一之先生
[英語]

## 数学

数学を本質から理解し、あらゆる問題に対応できる力を与える珠玉の名講義!

志田 晶先生
[数学]

論理力と思考力を鍛え、問題解決力を養成。多数の東大合格者を輩出!

青木 純二先生
[数学]

「ワカル」を「デキル」に変える新しい数学は、君の思考力を刺激し、数学のイメージを覆す!

松田 聡平先生
[数学]

明快かつ緻密な講義が、君の「自立した数学力」を養成する!

寺田 英智先生
[数学]

付録 1

## 国語

「脱・字面読み」トレーニングで、「読む力」を根本から改革する！

**輿水 淳一**先生
[現代文]

明快な構造板書と豊富な具体例で必ず君を納得させる！「本物」を伝える現代文の新鋭。

**西原 剛**先生
[現代文]

東大・難関大志望者から絶大なる信頼を得る本質の指導を追究。

**栗原 隆**先生
[古文]

ビジュアル解説で古文を簡単明快に解き明かす実力講師。

**富井 健二**先生
[古文]

縦横無尽な知識に裏打ちされた立体的な授業に、グングン引き込まれる！

**三羽 邦美**先生
[古文・漢文]

幅広い教養と明解な具体例を駆使した緩急自在の講義。漢文が身近になる！

**寺師 貴憲**先生
[漢文]

小論文、総合型、学校推薦型選抜のスペシャリストが、君の学問センスを磨き、執筆プロセスを直伝！

**正司 光範**先生
[小論文]

文章で自分を表現できれば、受験も人生も成功できますよ。「笑顔と努力」で合格を！

**石関 直子**先生
[小論文]

## 理科

正しい道具の使い方で、難問が驚くほどシンプルに見えてくる！

**宮内 舞子**先生
[物理]

化学現象を疑い化学全体を見通す"伝説の講義"は東大理三合格者も絶賛。

**鎌田 真彰**先生
[化学]

「なぜ」をとことん追究し「規則性」「法則性」が見えてくる大人気の授業！

**立脇 香奈**先生
[化学]

「いきもの」をこよなく愛する心が君の探究心を引き出す！生物の達人。

**飯田 高明**先生
[生物]

## 地歴公民

歴史の本質に迫る授業と、入試頻出の「表解板書」で圧倒的な信頼を得る！

**金谷 俊一郎**先生
[日本史]

つねに生徒と同じ目線に立って、入試問題に対する的確な思考法を教えてくれる。

**井之上 勇**先生
[日本史]

"受験世界史に荒巻あり"と言われる超実力人気講師！世界史の醍醐味を。

**荒巻 豊志**先生
[世界史]

世界史を「暗記」科目だなんて言わせない。正しく理解すれば必ず伸びることを一緒に体感しよう。

**加藤 和樹**先生
[世界史]

どんな複雑な歴史も難問も、シンプルな解説で本質から徹底理解できる。

**清水 裕子**先生
[世界史]

わかりやすい図解と統計の説明に定評。

**山岡 信幸**先生
[地理]

政治と経済のメカニズムを論理的に解明しながら、入試頻出ポイントを明確に示す。

**清水 雅博**先生
[公民]

「今」を知ることは「未来」の扉を開くこと。受験に留まらず、目標を高く、そして強く持て！

**執行 康弘**先生
[公民]

# 合格の秘訣② ココが違う 東進の指導

## 01 人にしかできないやる気を引き出す指導

### 夢と志は志望校合格への原動力！

夢・志を育む指導

東進では、将来を考えるイベントを毎月実施しています。夢・志は大学受験のその先を見据える、学習のモチベーションとなります。仲間とワクワクしながら将来の夢・志を考え、さらに志を言葉で表現していく機会を提供します。

### 一人ひとりを大切に君を個別にサポート

担任指導

東進が持つ豊富なデータに基づき君だけの合格設計図をともに考えます。熱誠指導でどんな時でも君のやる気を引き出します。

### 受験は団体戦！仲間と努力を楽しめる

チーム制

東進ではチームミーティングを実施しています。週に1度学習の進捗報告や将来の夢・目標について語り合う場です。一人じゃないから楽しく頑張れます。

#### 現役合格者の声

**東京大学 文科一類**
中村 誠雄くん
東京都 私立 駒場東邦高校卒

林修先生の現代文記述・論述トレーニングは非常に良質で、大いに受講する価値があると感じました。また、担任指導やチームミーティングは心の支えでした。現状を共有でき、話せる相手がいることは、東進ならではで、受験という本来孤独な闘いにおける強みだと思います。

## 02 人間には不可能なことを AI が可能に

### 学力×志望校 一人ひとりに最適な演習をAIが提案！

AI演習

東進のAI演習講座は2017年から開講していて、のべ100万人以上の卒業生の、200億題にもおよぶ学習履歴や成績、合否等のビッグデータと、各大学入試を徹底的に分析した結果等の教務情報をもとに年々その精度が上がっています。2024年には全学年にAI演習講座が開講します。

### ■AI演習講座ラインアップ

**高3生** 苦手克服&得点力を徹底強化！
「志望校別単元ジャンル演習講座」
「第一志望校対策演習講座」
「最難関4大学特別演習講座」

**高2生** 大学入試の定石を身につける！
「個人別定石問題演習講座」

**高1生** 素早く、深く基礎を理解！
「個人別基礎定着問題演習講座」 2024年夏新規開講

#### 現役合格者の声

**千葉大学 医学部医学科**
寺嶋 伶旺くん
千葉県立 船橋高校卒

高1の春に入学しました。野球部と両立しながら早くから勉強する習慣がついていたことは僕が合格した要因の一つです。「志望校別単元ジャンル演習講座」は、AIが僕の苦手を分析して、最適な問題演習セットを提示してくれるため、集中的に弱点を克服することができました。

東進で勉強したいが、近くに校舎がない君は…

**東進ハイスクール 在宅受講コースへ**

「遠くて東進の校舎に通えない……」。そんな君も大丈夫！在宅受講コースなら自宅のパソコンを使って勉強できます。ご希望の方には、在宅受講コースのパンフレットをお送りいたします。お電話にてご連絡ください。学習・進路相談も随時可能です。 **0120-531-104**

# 03 本当に学力を伸ばすこだわり

## 楽しい！わかりやすい！そんな講師が勢揃い

### 実力講師陣

わかりやすいのは当たり前！おもしろくてやる気の出る授業を約束します。1・5倍速×集中受講の高速学習。そして、12レベルに細分化された授業を組み合わせ、スモールステップで学力を伸ばす君だけのカリキュラムをつくります。

### パーフェクトマスターのしくみ

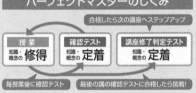

合格したら次の講座へステップアップ

| 授業 | 確認テスト | 講座修了判定テスト |
|---|---|---|
| 知識・概念の **修得** | 知識・概念の **定着** | 知識・概念の **定着** |

毎授業後に確認テスト　　最後の講の確認テストに合格したら挑戦！

## 英単語1800語を最短1週間で修得！

### 高速マスター

基礎・基本を短期間で一気に身につける「高速マスター基礎力養成講座」を設置しています。オンラインで楽しく効率よく取り組めます。

## 本番レベル・スピード返却学力を伸ばす模試

### 東進模試

常に本番レベルの厳正実施。合格のために何をすべきか点数でわかります。WEBを活用し、最短中3日の成績表スピード返却を実施しています。

### 現役合格者の声

**早稲田大学 基幹理工学部**
**津行 陽奈さん**
神奈川県 私立 横浜雙葉高校卒

私が受験において大切だと感じたのは、長期的な積み重ねです。基礎力をつけるために「高速マスター基礎力養成講座」や授業後の「確認テスト」を満点にすること、模試の復習などを積み重ねていくことでどんどん合格に近づき合格することができたと思っています。

---

**ついに登場！** 君の高校の進度に合わせて学習し、定期テストで高得点を取る！

# 高等学校対応コース

目指せ！「定期テスト」
**20点アップ！**
「先取り」で学校の勉強がよくわかる！

## 楽しく、集中が続く、授業の流れ

### 1. 導入

授業の冒頭では、講師と担任助手の先生が今回扱う内容を紹介します。

### 2. 授業

約15分の授業でポイントをわかりやすく伝えます。要点はテロップでも表示されるので、ポイントがよくわかります。

### 3. まとめ

授業が終わったら、次は確認テスト。その前に、授業のポイントをおさらいします。

# 合格の秘訣 3 東進模試

**申込受付中**
※お問い合わせ先は付録7ページをご覧ください。

## 学力を伸ばす模試

### 本番を想定した「厳正実施」
統一実施日の「厳正実施」で、実際の入試と同じレベル・形式・試験範囲の「本番レベル」模試。
相対評価に加え、絶対評価で学力の伸びを具体的な点数で把握できます。

### 12大学のべ42回の「大学別模試」の実施
予備校界随一のラインアップで志望校に特化した"学力の精密検査"として活用できます(同日・直近日体験受験を含む)。

### 単元・ジャンル別の学力分析
対策すべき単元・ジャンルを一覧で明示。学習の優先順位がつけられます。

### 最短中5日で成績表返却 WEBでは最短中3日で成績を確認できます。※マーク型の模試のみ

### 合格指導解説授業 模試受験後に合格指導解説授業を実施。重要ポイントが手に取るようにわかります。

---

### 2024年度
## 東進模試 ラインアップ

### 共通テスト対策
■ 共通テスト本番レベル模試 　全4回
■ 全国統一高校生テスト（全学年統一部門）（高2生部門）（高1生部門） 　全2回

同日体験受験
■ 共通テスト同日体験受験 　全1回

### 記述・難関大対策
■ 早慶上理・難関国公立大模試 　全5回
■ 全国有名国公私大模試 　全5回
■ 医学部82大学判定テスト 　全2回

### 基礎学力チェック
■ 高校レベル記述模試（高2）（高1） 　全2回
■ 大学合格基礎力判定テスト 　全4回
■ 全国統一中学生テスト（全学年統一部門）（中2生部門）（中1生部門） 　全2回
■ 中学学力判定テスト（中2生）（中1生） 　全4回

※ 2024年度に実施予定の模試は、今後の状況により変更する場合があります。最新の情報はホームページでご確認ください。

### 大学別対策
■ 東大本番レベル模試 　全4回
■ 高2東大本番レベル模試 　全4回
■ 京大本番レベル模試 　全4回
■ 北大本番レベル模試 　全2回
■ 東北大本番レベル模試 　全2回
■ 名大本番レベル模試 　全3回
■ 阪大本番レベル模試 　全3回
■ 九大本番レベル模試 　全3回
■ 東工大本番レベル模試[第1回] 東京科学大本番レベル模試[第2回] 　全2回
■ 一橋大本番レベル模試 　全2回
■ 神戸大本番レベル模試 　全2回
■ 千葉大本番レベル模試 　全1回
■ 広島大本番レベル模試 　全1回

同日体験受験
■ 東大入試同日体験受験 　全1回
■ 東北大入試同日体験受験 　全1回
■ 名大入試同日体験受験 　全1回

直近日体験受験 　各1回
| 京大入試 直近日体験受験 | 北大入試 直近日体験受験 | 阪大入試 直近日体験受験 |
| 九大入試 直近日体験受験 | 東京科学大入試 直近日体験受験 | 一橋大入試 直近日体験受験 |

# 2024年 東進現役合格実績
## 受験を突破する力は未来を切り拓く力!

## 東大 現役合格 実績日本一[※1] 6年連続800名超!
※1 2023年東大現役合格実績をホームページ・パンフレット・チラシ等で公表している予備校の中で最大(2023年JDnet調べ)。

**現役生のみ!講習生を含まず!**

# 東大 834名

| | | | |
|---|---|---|---|
| 文科一類 | 118名 | 理科一類 | 300名 |
| 文科二類 | 115名 | 理科二類 | 121名 |
| 文科三類 | 113名 | 理科三類 | 42名 |
| 学校推薦型選抜 25名 | | | |

**現役合格者の36.5%が東進生!**

東京大学 現役合格 おめでとう!!

東進生現役占有率 834 / 2,284
## 36.5%
全現役合格者に占める東進生の割合
2024年の東大全体の現役合格者は2,284名。東大の現役合格者は834名。東進生の占有率は36.5%。現役合格者の2.8人に1人が東進生です。

### 学校推薦型選抜も東進!
# 東大 25名
学校推薦型選抜 現役合格者の 27.7%が東進生!
推薦入試での東進生現役占有率 27.7%

| | | | |
|---|---|---|---|
| 法学部 | 4名 | 工学部 | 8名 |
| 経済学部 | 1名 | 理学部 | 2名 |
| 文学部 | 1名 | 薬学部 | 2名 |
| 教育学部 | 1名 | 医学部医学科 | 1名 |
| 教養学部 | 3名 | | |

## 京大 493名 昨対+21名

| | | | |
|---|---|---|---|
| 総合人間学部 | 23名 | 医学部人間健康科学科 | 20名 |
| 文学部 | 37名 | 薬学部 | 14名 |
| 教育学部 | 10名 | 工学部 | 161名 |
| 法学部 | 56名 | 農学部 | 43名 |
| 経済学部 | 49名 | 特色入試 (上記に含む) | 24名 |
| 理学部 | 52名 | | |
| 医学部医学科 | 28名 | | |

493名 史上最高![※2] 現役生のみ!講習生を含まず!
'22 '23 '24 (468名・472名)

## 早慶 5,980名 昨対+239名

5,980名 史上最高![※2] 現役生のみ!講習生を含まず!
'22 '23 '24 (5,678名・5,741名)

| 早稲田大 | 3,582名 | 慶應義塾大 | 2,398名 |
|---|---|---|---|
| 政治経済学部 | 472名 | 法学部 | 290名 |
| 法学部 | 354名 | 経済学部 | 368名 |
| 商学部 | 297名 | 商学部 | 487名 |
| 文化構想学部 | 276名 | 理工学部 | 576名 |
| 理工3学部 | 752名 | 医学部 | 39名 |
| 他 | 1,431名 | 他 | 638名 |

## 医学部医学科 1,800名 昨対+9名

1,800名 史上最高![※2] 現役生のみ!講習生を含まず!
'22 '23 '24 (1,658名・1,791名)

| 国公立医・医 | 1,033名 | 防衛医科大学校含む |
|---|---|---|
| 私立医・医 | 767名 | 史上最高![※2] |

## 国公立医・医 1,033名 防衛医科大学校含む

| | | | | | | | |
|---|---|---|---|---|---|---|---|
| 東京大 | 43名 | 名古屋大 | 28名 | 筑波大 | 21名 | 神戸大 | 30名 |
| 京都大 | 28名 | 大阪大 | 25名 | 千葉大 | 25名 | その他 | |
| 北海道大 | 18名 | 九州大 | 23名 | 東京医科歯科大 | 21名 | 大阪公立大 | 12名 | 国公立医・医 | 700名 |
| 東北大 | 28名 | | | 浜松医科大 | 19名 | | |

## 私立医・医 767名 昨対+40名 史上最高![※2]

| | | | | | | | |
|---|---|---|---|---|---|---|---|
| 自治医大 | 32名 | 慶應義塾大 | 39名 | 東京慈恵会医大 | 30名 | 関西医科大 | 49名 | その他 | |
| 国際医療福祉大 | 80名 | 順天堂大 | 52名 | 日本医科大 | 42名 | | | 私立医・医 | 443名 |

## 旧七帝大 +東工大・一橋大・神戸大 4,599名

| | | | | | | | |
|---|---|---|---|---|---|---|---|
| 東京大 | 834名 | 東北大 | 389名 | 九州大 | 487名 | 一橋大 | 219名 |
| 京都大 | 493名 | 名古屋大 | 379名 | 東京工業大 | 219名 | 神戸大 | 483名 |
| 北海道大 | 450名 | 大阪大 | 646名 | | | | |

## 国公立大 16,320名
※2 史上最高… 東進のこれまでの実績での最大。

### 国公立 総合・学校推薦型選抜も東進!

| 旧七帝大 +東工大・一橋大・神戸大 | 434名 | | |
|---|---|---|---|
| 国公立医・医 | 319名 | | |

| | | | |
|---|---|---|---|
| 東京大 | 25名 | 九州大 | 57名 |
| 京都大 | 24名 | 北海道大 | 38名 |
| 東北大 | 119名 | 東京工業大 | 30名 |
| 名古屋大 | 65名 | 一橋大 | 10名 |
| | | 神戸大 | 42名 |

国公立大学の総合型・学校推薦型選抜の合格実績は、指定校推薦を除く、早稲田塾を含まない東進ハイスクール・東進衛星予備校の現役生のみの合同実績です。

## 上理明青立法中 21,018名

| | | | |
|---|---|---|---|
| 上智大 | 1,605名 | 青山学院大 | 2,154名 | 法政大 3,833名 |
| 東京理科大 | 2,892名 | 立教大 | 2,730名 | 中央大 2,855名 |
| 明治大 | 4,949名 | | | |

## 関関同立 13,491名

| | | |
|---|---|---|
| 関西学院大 3,139名 | 同志社大 3,099名 | 立命館大 4,477名 |
| 関西大 2,776名 | | |

## 日東駒専 9,582名

| | | | |
|---|---|---|---|
| 日本大 3,560名 | 東洋大 3,575名 | 駒澤大 1,070名 | 専修大 1,377名 |

## 産近甲龍 6,085名

| | | | |
|---|---|---|---|
| 京都産業大 614名 | 近畿大 3,686名 | 甲南大 669名 | 龍谷大 1,116名 |

ウェブサイトでもっと詳しく [東進] 🔍検索

各大学の合格実績は、東進ネットワーク(東進ハイスクール、東進衛星予備校、早稲田塾)の現役生のみ、高3時在籍者のみの合同実績です。一人で複数合格した場合は、それぞれの合格者数に計上しています。

東進へのお問い合わせ・資料請求は
東進ドットコム www.toshin.com
もしくは下記のフリーコールへ！

ハッキリ言って合格実績が自慢です！大学受験なら、
# 東進ハイスクール
0120-104-555
（トーシン　ゴーゴーゴー）

**●東京都**
**[中央地区]**
□ 市ヶ谷校　0120-104-205
□ 新宿エルタワー校　0120-104-121
※ 新宿校大学受験本科　0120-104-020
高田馬場校　0120-104-770
□ 人形町校　0120-104-075

**[城北地区]**
赤羽校　0120-104-293
本郷三丁目校　0120-104-068
茗荷谷校　0120-738-104

**[城東地区]**
綾瀬校　0120-104-762
金町校　0120-452-104
亀戸校　0120-104-889
□★ 北千住校　0120-693-104
錦糸町校　0120-104-249
□ 豊洲校　0120-104-282
西新井校　0120-266-104
西葛西校　0120-289-104
船堀校　0120-104-201
門前仲町校　0120-104-016

**[城西地区]**
□ 池袋校　0120-104-062
大泉学園校　0120-104-862
荻窪校　0120-687-104
高円寺校　0120-104-627
石神井校　0120-104-159
□ 巣鴨校　0120-104-780

成増校　0120-028-104
練馬校　0120-104-643

**[城南地区]**
大井町校　0120-575-104
蒲田校　0120-265-104
五反田校　0120-672-104
三軒茶屋校　0120-104-739
□ 渋谷駅西口校　0120-389-104
下北沢校　0120-104-672
□ 自由が丘校　0120-964-104
□ 成城学園前校　0120-104-616
千歳烏山校　0120-104-331
千歳船橋校　0120-104-825
都立大学駅前校　0120-275-104
中目黒校　0120-104-261
□ 二子玉川校　0120-104-959

**[東京都下]**
□ 吉祥寺南口校　0120-104-775
国立校　0120-104-599
国分寺校　0120-622-104
□ 立川駅北口校　0120-104-662
田無校　0120-104-272
調布校　0120-104-305
八王子校　0120-896-104
東久留米校　0120-565-104
府中校　0120-104-676
□★ 町田校　0120-104-507
三鷹校　0120-104-149
武蔵小金井校　0120-480-104
武蔵境校　0120-104-769

**●神奈川県**
青葉台校　0120-104-947
厚木校　0120-104-716
川崎校　0120-226-104
湘南台東口校　0120-104-706
新百合ヶ丘校　0120-104-182
センター南駅前校　0120-104-722
たまプラーザ校　0120-104-445
鶴見校　0120-876-104
登戸校　0120-104-157
平塚校　0120-104-742
藤沢校　0120-104-549
武蔵小杉校　0120-165-104
□★ 横浜校　0120-104-473

**●埼玉県**
□ 浦和校　0120-104-561
□ 大宮校　0120-104-858
春日部校　0120-104-508
川口校　0120-917-104
川越校　0120-104-538
小手指校　0120-104-759
志木校　0120-104-202
せんげん台校　0120-104-388
草加校　0120-104-690
所沢校　0120-104-594
□★ 南浦和校　0120-104-573
与野校　0120-104-755

**●千葉県**
我孫子校　0120-104-253

市川駅前校　0120-104-381
稲毛海岸校　0120-104-575
□ 海浜幕張校　0120-104-926
□★ 柏校　0120-104-353
北習志野校　0120-344-104
□ 新浦安校　0120-556-104
新松戸校　0120-104-354
千葉校　0120-104-564
□★ 津田沼校　0120-104-724
成田駅前校　0120-104-346
船橋校　0120-104-514
松戸校　0120-104-257
南柏校　0120-104-439
八千代台校　0120-104-863

**●茨城県**
つくば校　0120-403-104
取手校　0120-104-328

**●静岡県**
★ 静岡校　0120-104-585

**●奈良県**
★ 奈良校　0120-104-597

★ は高卒本科(高卒生)設置校
※ は高卒生専用校舎
□ は中学部設置校

※変更の可能性があります。
　最新情報はウェブサイトで確認できます。

全国約1,000校、10万人の高校生が通う、
# 東進衛星予備校
0120-104-531
（トーシン　ゴーサイン）

近くに東進の校舎がない高校生のための
# 東進ハイスクール在宅受講コース
0120-531-104
（ゴーサイン　トーシン）

ここでしか見られない受験と教育の最新情報が満載！
# 東進ドットコム
www.toshin.com
東進　🔍検索
LINE X ⬛ ▶ f

## 東進TV
東進のYouTube公式チャンネル「東進TV」。日本全国の学生レポーターがお送りする大学・学部紹介は必見！

## 大学入試過去問データベース
君が目指す大学の過去問を素早く検索できる！2024年入試の過去問も閲覧可能！

大学入試問題
過去問データベース
190大学 最大30年分を
無料で閲覧！

付録 7

※2024年4月現在